ALICE SCHWARZER
EINE TÖDLICHE LIEBE

C = Gitti (14), Irmi (∅) (15)
Claudia C (16) (+ Mitter)
Claudia Schreier (17)
Inge Potbreczky (18)
Borchja (19)
Karli Fisl (20)
+ many more
till twenty-four

(→ Dowle, Met oä... –)
M: Ulrich-Boa (16)? → „tut man nicht"
Scherer d. Ältere (19) f. 1x → „tut man" weil eld-der unwichtig!. (stark!)
„Forstwirt" (20): ∅ → Null

M + C: for M: the (first) real thing!
(no comparison, „besonders" – ohne Vergleich!!! → Wert?????)
for C: „the real thing, das „besondere" – mit vollem Vergleich, wissend, was es ist!! (Wert!!)
M: Vergleich erst mit O.H! (2001 ff...)
C: Vergleich gegeben, Erfahrung, Wissen.

ALICE
SCHWARZER

EINE TÖDLICHE LIEBE

PETRA KELLY
UND
GERT BASTIAN

KIEPENHEUER & WITSCH

10. Auflage 1993

Umschlaggestaltung: Kalle Giese, Overath
Umschlagfoto: Reinhard Janke, argus
Satz: Kalle Giese Grafik, Overath
Druck und Bindearbeiten: Clausen & Bosse, Leck
ISBN 3-462-02288-1

Ernst und Margarete Schwarzer (geborene Büsche)
gewidmet.

Ich danke allen, die mir bei der Recherche für dieses Buch
ihr Vertrauen geschenkt haben, vor allem:
Lotte und Eva Bastian, Erika Heinz, Margarete Kelly,
Ina Fuchs und Lukas Beckmann.

»Wo die Liebe anfängt, hört die Gewalt auf.«
Petra Kelly

»Wir dürfen den Gegner nicht nach seinen veränderbaren Absichten, sondern nur nach seinen berechenbaren Fähigkeiten beurteilen.«
Gert Bastian

»Schlimmer als sein Tod ist für mich, daß er das getan hat.«
Lotte Bastian

INHALT

DER TOD

Während der ganzen »Strahlenopferkonferenz« strahlt in Berlin die Sonne. Petra Kelly hält Vorträge, gibt TV-Interviews und sieht Freundinnen und Freunde. An ihrer Seite Gert Bastian. Sie wohnen im Kempinski. In der letzten Nacht geht sie, wie meist, erst gegen vier, fünf Uhr früh ins Bett. Es ist der 30. September 1992, der Tag vor ihrem Tod. Für ihren Lebensgefährten hinterläßt sie einen Zettel, schräg bis in alle Ecken bekritzelt mit folgenden Worten:
»Mein Gertilein! 1) Bitte rufe Blumen Domberg an (früh) in Bonn (1 Schale für 1. Okt. - 50 DM. Omis Geburtstag. Früh soll Schale dort sein. Mit Karte: Gert – Petra umarmen Dich fest zum 87. Geburtstag. Gottes Segen für Dich. 2) Bahnkarte 3) Wo liegt Sachsenhausen? 4) Frühstück bis ... ? (wenn bis 10.30 mich um 10.00 wecken). Ich liebe Dich.«
Gert Bastian, der Frühaufsteher, ist es gewohnt, am Morgen solche Zeichen vorzufinden, abgerissen von Hotelblocks oder kleine gelbe und grüne Aufkleber, oft übers ganze Haus verteilt. Er erledigt alles, noch bevor sie wach wird: die Blumen für Omi; die Senioren-Bahnkarte für sich, die ihm für die nächsten zwölf Monate das verbilligte Fahren garantiert; und die Rückfahrt via Sachsenhausen.
Gegen Mittag fahren die beiden Richtung Köln. Sie halten an in dem ehemaligen Konzentrationslager, sehen sich die jüngst von Neonazis niedergebrannten Gedenkbaracken an und legen Blumen nieder. Am nächsten Tag wird Bastian an seine Frau schreiben: »Ich fühlte mich wahnsinnig schlecht auf diesem Gelände, wo jeder Stein, jedes Blatt, jeder Gras-

halm noch vom Leid der Menschen durchdrungen zu sein scheint, die dort gequält und umgebracht worden sind.«
In der Nacht vom 30. September auf den 1. Oktober 1992 kommen die beiden erst sehr spät an in Petras Reihenhaus in der Bonner Swinemünder Straße 6. Sie sind zu müde, sich noch etwas aus dem vollgefüllten Eisschrank zu nehmen und gehen gleich ins Bett.
Am nächsten Morgen steht Bastian, wie immer, als erster auf. Draußen regnet es. Er brüht sich stehend einen Kaffee in der kleinen Küche im Erdgeschoß – setzen kann er sich nicht, alle Stühle, Tische, ja sogar die Herdplatten sind bedeckt mit Petras Papieren: sie arbeitet am liebsten hier am Küchentisch. Später zieht er sich am Geländer wieder hoch zum ersten Stock. Seit seinem schweren Unfall im März geht der Ex-General an Krücken. In dem kleinen Arbeitszimmer neben dem gemeinsamen Schlafzimmer setzt Bastian sich an die Schreibmaschine und tippt einen Brief: an seine Frau Lotte in München, mit der er seit 47 Jahren verheiratet ist und von der er sich »um keinen Preis« scheiden lassen will.
»Liebstes Weibilein!« beginnt er und plaudert über anderthalb Blatt, daß er sich »dummerweise eine blöde Erkältung eingefangen« habe und aus »Angst, Dich anzustecken« nun nicht mehr vor ihrem Urlaub am 4. Oktober nach München kommen könne. Und er erzählt ihr die Erlebnisse der letzten Tage: »Der Strahlenopferkongreß war interessant, vor allem trafen wir viele gute Freunde aus langen Jahren des gemeinsamen Anti-Atom-Kampfes wieder, das war sehr schön. Wie vorher ja auch in Salzburg beim World Uranium Hearing.« Sodann rät er ihr, doch Geld vom gemeinsamen Sparkonto in den Urlaub mitzunehmen. Zum Schluß läßt er die Tochter grüßen und verabschiedet sich mit den Worten: »So viel für

heute. Alles Liebe und viele innige Grüße. Es umarmt Dich Dein Gert.« Er steckt den Brief in einen Umschlag, klebt ihn zu, frankiert ihn aber nicht.
Wenig später, so gegen zehn, erreicht Gert Bastian seine Frau am Telefon. Petra schläft noch, er hätte sonst seine Frau nicht von zu Hause, sondern wie üblich von der Post aus angerufen. Seine Stimme klingt freundlich und entspannt. Er wünscht Lotte »eine gute Fahrt« und fragt sie nach ihrer Ferienadresse. Dieses Telefongespräch ist vermutlich das vorletzte im Leben von Gert Bastian. Wenige Stunden später wird er tot sein.
Das wahrscheinlich letzte Telefonat seines Lebens führt er am Mittag des 1. Oktober mit dem Grünen Lukas Beckmann, der ihn per Fax gebeten hatte: »Bitte Rückruf. Eilt.« Während des Gesprächs redet Petra laut im Hintergrund, lebt also zu diesem Zeitpunkt noch – der gemeinsame Freund Beckmann erinnert sich ganz genau. Es geht um die Einsicht in die Gauck-Akten, die vor Monaten von einigen westlichen und östlichen Friedensbewegten gemeinsam beantragt wurde, sich aber immer wieder verzögert; im Fall Kelly/ Bastian mit Grund: beim Antrag der beiden fehlte die Identitätsbescheinigung. Beckmann drängt: »Die Akteneinsicht muß beschleunigt werden.«
Petra Kelly schaut inzwischen ihre Post durch, macht sich Notizen und schreibt zwei Briefe, darunter einen an Ken Emerson vom »New York Day«, dem sie einen Text von Bastian zum Abdruck empfiehlt, »written by my closed political and personal ally and friend Gert Bastian«. Und sie korrigiert eine am 25. September per Fax eingegangene Kelly-Kurzbiographie, verfaßt von einer amerikanischen Autorin. Sie notiert auf dem Begleitbrief: »Page ten and page one missing.

Eilt. Abends anrufen aus Büro. Donnerstag« (sie meint damit den Abend des 1. Oktober und das Büro der Grünen, wo sie für gewöhnlich ihre Anrufe erledigt). – Die Korrekturen werden die Adressatin nie erreichen, die Faxe werden nicht mehr abgeschickt.

Irgendwann legt Petra Kelly – die permanent erschöpft ist, weil sie meist nur vier, fünf Stunden schläft – sich wieder hin, im Hausanzug. Ihre Kontaktlinsen legt sie säuberlich in den passenden Behälter auf dem Nachttisch, ihre Ringe und ihre Uhr daneben. Unten neben dem Bett liegt aufgeklappt ihre letzte Lektüre: Goethes Briefe an Frau von Stein.

Gert Bastian sitzt im Raum nebenan und schreibt seinen letzten Brief, an den Münchner Anwalt Hartmut Wächtler. Oben rechts tippt er das Datum: 1. 10. 1992. Es geht um die Interessen von Petras bester Freundin Erika Heinz, die Ärger mit ihrem Chef hat und der Bastians Anwalt nun helfen soll. Am Beginn der zehnten Zeile bricht der Brief abrupt ab. »Wir müs « steht da. Das Wort »müssen« schreibt Gert Bastian, der fließend Maschine schreibt, nicht mehr zu Ende.

Greift er sofort zur Pistole?

Als Bastian noch Bundestagsabgeordneter war, verwahrte er die Derringer immer in der rechten Schublade seines Schreibtisches im Abgeordnetenhaus. Hier, in der Swinemünder Straße, hatte er sie in seinen alten Generalshandschuh aus Wildleder mit den Initialen »GB« gelegt. Handschuh und Pistole tat er in eine Schachtel, und die wiederum versteckte er im Büro im ersten Stock, in einem Schrank hinter den Büchern.

An diesem Tag (oder ist es schon wieder Nacht?) holt Bastian die Pistole so hastig hervor, daß er sich noch nicht einmal mehr die Zeit nimmt, die Bücher wieder zurückzustellen, sie

bleiben verstreut auf dem Boden liegen. Er fingert die Pistole im Gehen raus, der Handschuh fällt zu Boden.
Er betritt das Schlafzimmer. Sie liegt schlafend auf dem Bett, auf den Bauch gedreht. Die Derringer 38 hat zwei Kugeln: eine im unteren Lauf und eine im oberen. Er setzt die Pistole an ihre Schläfe und drückt ab. Es trifft sie die Kugel aus dem Oberlauf. Sie ist sofort tot.
Gert Bastian bleibt noch eine Weile im Schlafzimmer, setzt sich auf das Bett neben die Tote.
In welcher Verfassung ist er? Was tut er? Ist er verzweifelt? Erleichtert? Verwirrt? Deprimiert? Wütend? Alles auf einmal? Bleibt er oben oder geht er noch einmal ins Erdgeschoß? Geht er ein letztes Mal raus in das Gärtchen, in dem er acht Jahre lang Blumen gepflanzt und Büsche beschnitten hat? Ist er es, der die Terrassentür beim Zurückkommen nur angelehnt läßt? Will er fliehen, aber läßt im Flur entmutigt den Schlüssel fallen, weil er nicht weiß, wohin? (So sicher ist kein Versteck, daß er nach dieser Tat vor sich selbst fliehen könnte.) Denkt er daran, einen Brief für seine Frau, seine Kinder zurückzulassen? Aber wie soll er das erklären? Was soll er schreiben – danach?
Irgendwann lehnt Gert Bastian sich im Flur der ersten Etage gegen die Flurwand, dreht den Kopf Richtung Schlafzimmer, richtet seinen Blick durch die offene Tür auf die tote Petra Kelly, drückt die Derringer mit beiden Händen von oben auf seinen Schädel – und erschießt sich. Stehend. Wie bei einer Hinrichtung. Die zweite Kugel aus dem unteren Lauf tötet ihn sofort. Im Fall reißt er ein Bücherregal um. Direkt neben ihm, auf Kopfhöhe, ist einer der vielen Knöpfe der Alarmanlage. Sie schweigt.
Die handliche Derringer ist eine reine Nahschuß-Waffe. Sie

ist vor allem geeignet für Exekutionen und Selbstmord und nur eine von den fünf zugelassenen Pistolen Bastians, der als Waffennarr bekannt ist. Seit Jahren hat er drei Waffen in München und zwei in Bonn. Noch in seinem letzten Aktenkoffer liegt ein alter Antrag auf Verlängerung der Derringer Special 38.

Ob die glühende Pazifistin Kelly (Frieden schaffen ohne Waffen) davon wußte? »Das ist undenkbar! Sie wäre empört gewesen!« glaubt ihre beste Freundin Erika. »Ganz sicher«, weiß Ex-Freund Lukas, er selbst habe in Petras Gegenwart einmal eine Waffe im Handschuhfach von Gerts Auto entdeckt. Außerdem habe Petra ihm in der Bonner Wohnung eines Tages kichernd die von Gert hinter den Büchern versteckte Pistole gezeigt. Ob sie das nicht störte? Keineswegs, im Gegenteil: »Gert würde sich das nie verzeihen, wenn er mich nicht verteidigen könnte.«

Daß Bastian auch privat bewaffnet war, muß Kelly spätestens seit März 1982 gewußt haben. Damals, er hatte bereits ein Verhältnis mit ihr, antwortete er dem »Playboy« auf die Frage: »Haben Sie privat Waffen in Ihrer Wohnung?«: »Ich habe Pistolen und einen schweren amerikanischen Revolver. Ich habe früher damit gern und gut auf Scheiben geschossen.« Und im gleichen Atemzug sagt der (Ex)General: »Petra Kelly und ich haben allerdings völlig gegensätzliche Auffassungen über den Nutzen von Waffen. Ich halte Waffen für nützlich zur Abwehr von Gewalt und Unrecht. Petra Kelly schauert schon, wenn sie eine Pistole sieht.« – Es ist übrigens dasselbe Gespräch, in dem Bastian, damals schon Galionsfigur der Friedensbewegung, betont: »Ich bin sehr, sehr gern Soldat gewesen.«

Kellys Reihenhaus in dem kleinbürgerlichen Bonner Vorort

Tannenbusch gleicht einer Festung – nach außen. Es ist verbarrikadiert mit Alarmanlagen. An allen Fenstern und Türen hängen von innen Zettel: »Bitte nicht öffnen. Warnanlage ist scharf.« Und noch im Frühjahr 1992 läßt sie eine zusätzliche Lichtschranke zum Garten installieren. Angst ist das beherrschende Moment in ihrem Leben. Nur ahnt Petra Kelly nicht, daß der Mörder nicht von draußen kommen wird.

Nach den zwei Schüssen vergehen 18 Tage, bis Lotte Bastian, zurückgekehrt von ihrem Kreta-Urlaub, beunruhigt die mit Kelly/Bastian seit 1986 befreundeten Ex-Nachbarn Lötters alarmiert (deren Telefonnummer ihr Mann ihr, ganz gegen seine Gewohnheiten, erst vier Wochen zuvor gegeben hatte: »Falls mal was passiert.«). Die Lötters haben immer einen Schlüssel und kümmern sich bei den vielen Reisen der beiden aufopfernd um Post, Fax, Haus und Garten (»Sie waren immer so dankbar«).

Als Rosemarie Lötters am Abend des 19. Oktober 1992 gegen zehn Uhr zusammen mit ihren beiden Söhnen in der Swinemünder Straße ankommt, liegt das Haus im Dunkeln. Der Briefkasten quillt über, trotz Postfach. Die Alarmanlage ist nicht eingeschaltet, das Haustürschloß nur einmal gedreht. Frau Lötters zögert. Dann schließt sie auf und betritt den Hausflur. Das erste, was sie sieht, ist ein auf dem Boden liegender Schlüsselbund, Bastians Schlüssel, wie sich später herausstellt. Dann fällt ihr auf, daß die Terrassentür zum hinteren Ausgang in den Garten nur angelehnt ist.

Lötters durchqueren das Wohnzimmer, gehen an Petras Klavier vorbei und dem offenen Kamin und steuern auf die Treppe nach oben zu. Auf halbem Absatz bleiben sie stehen. Ein penetranter Geruch schlägt ihnen entgegen. Auf den Stufen liegt ein Handschuh, Bücher sind von oben heruntergekippt.

Und da sehen sie auch schon den Körper Bastians im Flur liegen ...
Wie hatte es so weit kommen können? Was war passiert? Was hatte sich ereignet zwischen Bastians Telefonat mit Beckmann und dem Tod der beiden? Hatte es wieder mal Streit gegeben, wie so häufig in den letzten Monaten? War der an Arterienverkalkung und Herzschwäche leidende Bastian von plötzlichen Beklemmungen, gar Angstzuständen überfallen worden? Hatte der aus Protest gegen die atomare »Nachrüstung« des Westens ausgestiegene (und von Konservativen der Kommunisten-Kumpanei beschuldigte) Ex-Bundeswehrgeneral Enthüllungen durch die Gauck-Akten zu befürchten? Hat er gar einen allerletzten Anruf bekommen, der ihn glauben ließ, daß sehr bald unangenehme Wahrheiten über ihn aus den Stasi-Akten an den Tag kommen könnten? Oder hat der geübte Stratege mit dem abgebrochenen Brief und dem fehlenden Abschiedsbrief ganz einfach bewußt falsche Spuren gelegt, um einige Fragen für immer offen zu lassen?
An diesem Abend des 19. Oktober ist die Presse schneller da als die Kriminalpolizei. Die Särge werden vor laufenden Kameras aus dem Haus getragen. Keine Stunde ist vergangen seit der Entdeckung, da geht die Meldung schon über den Ticker: »In Bonn-Tannenbusch wurde ein prominentes Politikerpaar tot aufgefunden.« Als Familie Lötters nachts um zwei verwirrt und erschöpft nach Hause kommt und rasch noch auf die Fernbedienung drückt, da meldet RTL bereits den Tod von Petra Kelly und Gert Bastian.
In dieser Nacht und in den Tagen darauf schlagen die Spekulationen hohe Wellen. Es sind die Tage, in denen ganz Deutschland bewegt ist von den sich kraftmeiernd formie-

renden Männerbünden und den rassistischen Attacken auf Ausländer. Die Lötters stehen nicht allein mit dem Verdacht, daß die beiden Opfer fremder Meuchelmörder wurden. Neonazis? Die Stasi? Die Atommafia?

Eine Handvoll Menschen aber weiß schon in der ersten Nacht, daß es anders war. »Ich habe gleich gedacht: Er hat sie umgebracht.« (Freund Lukas Beckmann). »Er hatte schon lange Wahnsinnsaggressionen gegen sie. Er hat sie umgebracht, weil er nicht mehr konnte.« (Bastians Ex-Assistentin Ina Fuchs). »Er hat vor anderthalb Jahren zu mir gesagt: ›Manchmal weiß ich nicht mehr weiter. Dann überlege ich mir, Petra im Schlaf zu erschießen und dann mich selbst.‹« (Kellys Ex-Geliebter Palden Tawo).

Zwei Tage nach dem Fund der Leichen geht die Polizei an die Öffentlichkeit mit der Mitteilung: Er hat sie im Schlaf erschossen und dann sich selbst. Die Faktenlage ist klar, die Zeugenaussagen unterstützen sie. Die wenigen irritierenden Fragen (die offene Terrassentür etc.) sind erklärbar. Dennoch klammert eine Minderheit sich weiter an die Verschwörungstheorie von den bösen Dritten: Sie können es einfach nicht fassen, daß »ein so netter Mann« wie Gert Bastian gleichzeitig ein Mörder sein kann. Und sie scheinen auch die Selbstdarstellung des liebenden Paares glatt geschluckt, das Drama dahinter noch nicht einmal geahnt zu haben.

Die Mehrheit akzeptiert Bastian als Täter, doch ist ratlos. Er hat sie erschossen. Nur: Warum? Wollte sie sterben? War der gemeinsame Tod verabredet? Oder hat er ihr einen Gefallen getan, ihr sozusagen den Gnadenschuß versetzt? Ja, das scheint den meisten die Erklärung: Die beiden haben sozusagen Doppelselbstmord gemacht!

Zwar ist bewiesen, daß Petra Kelly schlief, und gibt es nicht einen einzigen Hinweis darauf, daß sie sterben wollte – im Gegenteil: Sie hatte einen vollen Terminkalender bis 1993. Zwar hält jeder, der sie kennt, für ganz ausgeschlossen, daß sie sich erschießen lassen würde. Zwar wissen alle, die ihr nahestehen, um ihren starken Lebenswillen trotz aller psychischen Probleme – und ganz sicher wäre sie niemals ohne ein Wort für den geliebtesten Menschen aus dem Leben gegangen: für die 86jährige »Omi Birle« in Nürnberg, die sie großzog und bis zuletzt die zentrale Person in ihrem Leben blieb. Nein, Petra Kelly wollte ganz gewiß nicht sterben! Genau darum hat Bastian sie auch nicht geweckt und gefragt – sie hätte NEIN geschrien.

Am 4. März 1993 gibt die ermittelnde Staatsanwaltschaft folgende Presseerklärung heraus: »Nach Auffassung der Staatsanwaltschaft Bonn steht fest, daß die tödlichen Schüsse von Gert Bastian abgegeben worden sind. Mit seiner Pistole Derringer, die er seit 1963 besaß, tötete er die im Bett liegende Petra Kelly mit einem aufgesetzten Schuß in die Schläfe. Anschließend nahm er sich selbst mit einem am Scheitel aufgesetzten Kopfschuß das Leben. Dies wird durch die Untersuchungen, insbesondere die bei Gert Bastian an beiden Händen festgestellten Schmauchspuren, das Fehlen entsprechender Spuren an den Händen von Petra Kelly sowie einer gerichtsmedizinischen Untersuchung der Blutspuren am Tatort und einer Rekonstruktion der Tat belegt.«

So weit die Fakten. Daraus zieht Oberstaatsanwalt Iwand im selben Kommuniqué und fünf Monate nach der Tat den Schluß, es handele sich hier um einen »Doppelsuizid«, denn: »Auch das Fehlen eines Abschiedsbriefs gibt keinen Anlaß, an dem Selbstmord der beiden ehemaligen Bundestagsabgeordneten zu zweifeln.« Selbstmord? Die Bonner Staatsanwaltschaft: »Wie mehrere Zeugen aus der engeren Umgebung der ehemaligen Bundestagsabgeordneten erklärt haben, sind sowohl von Gert Bastian als auch von Petra Kelly Suizidgedanken in der Vergangenheit geäußert worden. Einem Freund gegenüber hat Gert Bastian bereits im Jahre 1991 geäußert, ›er sehe phasenweise keine Perspektive mehr für Petra und denke manchmal daran, Petra im Schlaf zu erschießen und dann sich selbst‹«. – Aber Petra, was sagte die dazu?

Das interessiert die Staatsanwaltschaft nicht. Sie hat keinen einzigen Menschen aus dem engeren Umkreis von Petra Kelly vernommen – bis auf die in den USA lebende Mutter und den Ex-Geliebten Tawo, der von Kelly seit Mitte 1991 getrennt war. Die angeblichen »Suizidgedanken beider« wurden ausschließlich den vagen Äußerungen der Familie Bastian entnommen – eine verständliche (Selbst)Schutzbehauptung, die die Familie selbst bei genauerer Befragung schon anders sieht. Für die Staatsanwaltschaft scheint der von Kelly vielfach geäußerte Satz »Ich kann ohne Gert nicht mehr leben« zwingend identisch mit dem Verlangen: »Bitte bring mich um.«

Und was Polizei und Justiz da einfach behaupten, entspricht durchaus Volkesmeinung. Als Tochter und Sohn Bastian am Tag nach der Entdeckung der Leichen fassungslos in dem Haus in der Swinemünder Straße 6 stehen, erzählt ihnen die Polizei von einem wenige Zeit zuvor aufgenommenen Tonband für »Omi Birle«. Während Petra das Tonband bespricht, schaltet Gert das Fernsehen ein. Daraufhin macht sie ihm eine heftige Szene: Was ihm einfiele, einfach so laut fernzusehen, während sie hier etc. etc. Lakonischer Kommentar der ermittelnden Polizei gegenüber der Familie des Täters: »Erstaunlich, daß der die nicht schon früher umgebracht hat.«

Auch einer der Zeugen, der Tibeter Zeuge Che Wang sieht das so: »Selbst wenn die Tat ohne Wissen Petras stattgefunden haben sollte, hätte Gert in Petras Sinn gehandelt.« Und die Polizei hält diese Aussage ohne Rückfrage und ohne Relativierung fest in den inzwischen geschlossenen Ermittlungsakten. Übrigens: Che Wang kannte weder Petra Kelly noch Gert Bastian persönlich, er hatte nur ein paarmal mit ihnen telefoniert. Doch er wurde vernommen. Ebenso wie die gesamte Bastian-Familie.

Quasi überhaupt nicht gehört wurde der Kreis um Kelly: Weder Erika Heinz, die engste Vertraute Petras, die immerhin das letzte persönliche Gespräch mit ihr führte und der Bastians letzter Brief galt; noch Lukas Beckmann, der vermutlich der letzte war, der am Tattag mit beiden sprach – und das nicht über irgend etwas, sondern über die bevorstehende Einsicht in die Stasi-Akten. Nachdem dritte Täter auszuschließen waren, scheint für Polizei und Justiz sehr rasch die Aufklärung der Tat überflüssig geworden zu sein.

Auch Medien und Öffentlichkeit, ja sogar Freundinnen und Freunde übernehmen widerspruchslos die akrobatischen Schlußfolgerungen der Bonner Staatsanwaltschaft vom »Doppelselbstmord«. Selbst die, die es eigentlich besser wissen müßten, schweigen – oder tragen sogar noch zur Legende bei. Tage danach, als also längst klar ist, daß er sie im Schlaf erschossen hat, legt der Deutsche Bundestag offiziell ein gemeinsames »Kondolenzbuch für Petra Kelly und Gert Bastian« aus, geschmückt mit einem liebevollen Foto der beiden. Die Grünen bereiten eine gemeinsame Gedenkfeier vor, für Täter und Opfer zusammen. Und an ihrem offenen Grab wird der Satz fallen: »Petra, warum hast Du uns so früh verlassen?«

Verlassen? Die 46jährige Trägerin des »Altenativen Friedensnobelpreises« hatte tausend Pläne und wollte 1994 ins Europa-Parlament. Sie ist nie gefragt worden, ob sie sterben will. Sie ist gegen ihren Willen getötet worden.
Hätte die Polizei sich ein wenig länger mit Lotte Bastian unterhalten, dann hätte auch sie vermutlich die Worte zu hören bekommen, die die Ehefrau von Gert Bastian zu mir nicht einmal, sondern zweimal gesagt hat. Nämlich: »Noch mehr als sein Tod bedrückt mich, daß er das getan hat.«
Doch die Tat vom 1. Oktober ist nur der Schlußpunkt. Das lange Sterben beginnt ein halbes Jahr zuvor, genau gesagt: am 22. März 1992.

Petra Kelly und Gert Bastian auf dem Parteitag der Grünen im April 1991.

DIE AGONIE

Sie kamen von Genschers 65. Geburtstag, groß gefeiert in Halle (der Ex-Außenminister hatte »eine Schwäche« für den Ex-General). Am Tag darauf, dem bewußten 22. März 1992, fahren sie verhältnismäßig früh los, Bastian wie immer am Steuer (Kelly hatte keinen Führerschein). Er ist um zwei Uhr nachmittags mit seiner Frau in München verabredet, sein 69. Geburtstag steht ins Haus.

Wie immer fährt Petra Kelly mit nach München. Wenn ihr Lebensgefährte seine Familie besucht, pflegt sie im Hotel zu warten. Das hat nicht nur, aber auch damit zu tun, daß sie seit 1983 nur schwer allein sein und überhaupt nicht mehr alleine reisen kann. Sie leidet unter sogenannten Panikattacken, also heftigen Angstzuständen, verbunden mit Platzangst und Verfolgungsängsten. Der lebenstüchtige und fürsorgliche Bastian ist seit langem nicht nur ihr stolzer Begleiter bei Kongressen, Empfängen und Essen mit Vaclav Havel oder Jane Fonda, er gleitet auch mehr und mehr in die Rolle ihres Beschützers, Managers und Hausdieners. Er betreut und bedient sie rund um die Uhr, wie wir es sonst nur umgekehrt – von einer Frau für einen Mann – gewohnt sind.

Beide sind erschöpft. Sie schon lange, denn sie geht nie vor drei, vier, fünf Uhr nachts ins Bett und arbeitet und reist rastlos; er seit Mitte der 80er Jahre. Die letzten Kräfte der beiden werden von der Anstrengung aufgezehrt, ihre Probleme und Verzweiflungen zu kaschieren: vor sich und den anderen. Es gibt nur eine Handvoll Vertrauter, die Bescheid wissen. Allen anderen spielen sie erfolgreich das glückliche Paar vor: in Politik und Liebe vereint, gemeinsam gegen den Rest der Welt. Die wahren Kämpfe dieser Monate aber spielen sich für Petra Kelly und Gert Bastian nicht nach außen ab, sondern nach innen. Im Vergleich zu ihrer privaten Zerfleischung auf Leben und Tod wirken die Auseinandersetzungen in Politik und Medien wie Scheingefechte, die vom Eigentlichen ablenken sollen – die anderen und vor allem sie selbst.

Nach außen läßt sich das Paar nichts anmerken, es erledigt weiter alle Pflichten. Auch an diesem Tag machen beide einen Abstecher nach Nürnberg, um die von Petra über alles geliebte »Omi Birle« zu besuchen. Kunigunde Birle ist die (Groß)Mutter Petras, hat sie von klein an großgezogen, bis zu deren elftem Lebensjahr mit ihr zusammengelebt, sie beschützt und geprägt. »Ich lasse dich nie allein!« schwört Petra immer wieder, und sie hält es auch.

Die ihr Leben lang selbständige, energische und tatkräftige 86jährige fängt an gebrechlich zu werden. Das Problem so vieler Töchter und Enkeltöchter (und nur selten Söhne) kommt nun auch auf Kelly zu. Von einem Altenwohnheim ist die Rede oder zumindest von »Essen auf Rädern«. Nichts da. »Ich bleibe in meiner Wohnung!« Also wird die alte Dame regelmäßig von Petra mit Gert besucht und versorgt. Auch diesmal füllen die beiden Omis Eisschrank, hören sich Omis Sorgen an – die Augen, die Zähne und überhaupt – verbringen ein paar Stunden mit ihr und machen sich dann wieder auf den Weg.

Gegen acht Uhr abends kommen sie endlich im Münchner Eden Hotel an. Gert Bastian ist nervös. Seit sechs Stunden wartet seine Frau auf ihn. Er begleitet Petra auf ihr Zimmer, packt mit ihr aus, holt die zahlreichen Plastiktüten und Stofftaschen, in denen sie ihre Post und Unterlagen auf Reisen

mitzunehmen pflegt, nach oben. Inzwischen ist es neun Uhr. Er will sich auf den Weg machen, endlich.
Das ist der Moment, vor dem Petra seit zehn Jahren zittert und den sie immer wieder und mit allen Mitteln hinauszuzögern versucht. Angst vor dem Alleinsein. Angst vor dem Verlust. Angst vor der anderen. Seit 1983 bekommt sie vor jeder seiner drohenden Abreisen regelmäßig Ohnmachts- oder Herzanfälle. Am Anfang ist das alle zwei Wochen fällig, später einmal im Monat, zuletzt immer seltener. Er fährt kaum noch weg.
Diesmal hat Petra Hunger, »Heißhunger auf Obst«. Bananen und Äpfel will sie haben. Gert Bastian schlägt ihr vor, im Hotel etwas zu bestellen. Sie weigert sich. Sie will, daß er für sie Obst im gegenüberliegenden Bahnhof holt. Sie kämpft um Minuten. Inzwischen ist Bastian sieben Stunden über die Zeit. Er hat seiner Frau noch nicht einmal Bescheid gesagt. Dennoch geht er – Obst holen für Petra.
Er hastet nach unten, will die Straße überqueren, kommt hinter einem parkenden Bus hervor und läuft direkt in ein fahrendes Taxi. Trotz des zertrümmerten Schienbeins schleppt sich der alte Soldat zurück in die Hotelhalle und ruft seine Frau an: »Lotte, es ist etwas passiert. Komm mich bitte holen.« Dann informiert er Petra.
Ehefrau und Tochter schaffen Bastian in die Universitätsklinik. Petra Kelly ruft noch in derselben Nacht ihre innigste Freundin an, Erika Heinz in Calw: »Du mußt mir helfen. Du mußt sofort kommen. Noch heute nacht!« Das ist selbst der guten Erika, deren von ihr bis zuletzt gepflegte Mutter vor zwei Wochen gestorben ist, zuviel. Die Freundin steht am nächsten Tag ab 12 Uhr zur Verfügung, hat drei Wochen Urlaub genommen und schlüpft in die Rolle von Gert.

An seinem Geburtstag, dem 26. März 1992, wird Gert Bastian operiert. Sechs Stunden dauert der komplizierte Eingriff. Ob er je wieder ohne Krücken wird gehen können, ist zweifelhaft. Während der Operation sitzen in seinem mit Blumen und Faxen übersäten Krankenzimmer (Petra hat rundum informiert) drei Frauen: Lotte Bastian, Petra Kelly und Erika Heinz; später kommt Eva Bastian hinzu. Noch während der Vielgeliebte in der Intensivstation liegt, stoßen seine beiden bisher so sorgfältig auseinandergehaltenen Welten zusammen: hie Ehefrau mit Tochter, da Geliebte mit Freundin.

Der Charmeur Bastian hatte sein Leben lang Verhältnisse, der Stratege Bastian hatte es immer verstanden, alles gleichzeitig zu leben und auseinanderzuhalten. Was auf Kosten der anderen ging und nicht zuletzt dank seiner Ehefrau Lotte möglich war. Ihr war die Rolle der zeternden Ehefrau zu unwürdig, sie verdrängte und schien für sich eine Methode gefunden zu haben, damit zu leben: »Ich wußte ja, daß ich ihm wichtiger war und daß er immer wieder zurückkommen würde.« Und so war es auch. Bisher. Nur diesmal ist es anders. Jetzt ist die Dritte keine stillhaltende, auch ihrerseits betrügende Ehefrau, sondern eine erfahrene Fighterin, deren meist verheiratete Liebhaber sich letztendlich immer von ihren Ehefrauen getrennt haben. Petra Kelly kämpft um Gert Bastian mit allen Mitteln – bis hin zu ihrem am Ende so teuer bezahlten Satz: »Ich kann ohne dich nicht mehr leben.«

Auf diesem Schlachtfeld wird mit Waffen gefochten, an denen General Bastian nicht ausgebildet wurde. Nach zehn Jahren Gezerre scheint Kelly als Siegerin auf dem Feld zu bleiben, die Entfremdung zwischen Bastian und seiner Familie ist nicht länger zu überspielen. Weihnachten 1991 flippt Vater-tochter Eva aus, als er noch nicht einmal seinem Liebling ein kleines Geschenk mitbringt. »Ich hatte keine Zeit, ich mußte mich um Petra kümmern.« Sohn Till, solidarisch mit der Mutter, hatte schon länger mit ihm gebrochen. Im Mai 1992 schickt er Gert Bastian seine definitive Abrechnung schriftlich. (Verletzte Reaktion des Vaters: »Er hat mich vernichtet.«) Und selbst die geduldige, zu geduldige Ehefrau Lotte entfernt sich: »Er muß gemerkt haben, daß wir uns fremd geworden waren. Er hörte gar nicht mehr zu, sein Blick schweifte in die Ferne. Und wenn er erzählte, dann sprach er immer nur noch von ›wir‹, also von sich und Petra.«

»Ich will mit Lotte alt werden«, das sagt Gert Bastian seit Jahren immer wieder. Langsam aber wird klar: der 69jährige kann nicht mehr mit Lotte alt werden. Er ist schon alt, denn er ist fertig. Er hat keine Zukunft mehr. Nicht mit Lotte und nicht mit Petra. Mit niemandem.

Als der 69jährige nach sieben Stunden aus der Narkose aufwacht, ist das Drama in vollem Gange. Lotte Bastian: »Ich bin morgens um acht Uhr ins Krankenhaus gegangen. Petra war schon da und nicht von der Stelle zu bewegen. Sie hatte eine Freundin mitgebracht. Um ein Uhr sollte die Operation sein. Als dann der Professor kam und sagte, die Operation sei gut verlaufen, da hat sie mich dem Professor vorgestellt, hat die Rolle der Ehefrau gespielt. Wir haben sehr lange gewartet, und ich bin dann mal runter in die Intensivstation gegangen. Das hat sie gar nicht gerne gesehen. Ich sah ihn kurz, er war noch ganz weggetreten. Ich ging wieder rauf und sagte der Petra, ich würde jetzt nach Hause gehen, denn wenn der Gert aufwacht, und es sind derart viele Frauen an seinem Bett – der Arme müßte jetzt seine Ruhe haben. Sie ist dann sofort runtergelaufen in die Intensivstation, und man hat ihr so eine Art Hilfsfunktion zugeteilt: sie sollte seine Atmung überwachen. Dann kam Eva, und dann hat es den Krach gegeben.«

Der Krach war längst überfällig. Von beiden Seiten. Und der Moment war der denkbar unglücklichste, aber kein Zufall. Lieblingstochter und Geliebte – beide im gleichen Alter – prallen in München, dem Terrain der Familie, aufeinander. Von dem Zusammenstoß gibt es zwei Versionen, wie könnte es anders sein.

Die Tochter: »Die Petra wollte mich nicht zu meinem Vater ans Krankenbett lassen. Die Schwester sagte zu mir: ›Frau Kelly möchte nicht, daß jemand zu Herrn Bastian kommt.‹ Da hat's dann Krach gegeben.« In der Reaktion der Ehefrau spiegelt sich Petras übersteigerte Version: »Gert war ziemlich verwirrt nach der Operation. Am Tag drauf erzählte er mir, Eva wäre mit Petra in den Keller gefahren und hätte sie dort geschlagen. Da habe ich ihm geantwortet: Gert, wenn du das glaubst, dann hast du dich jetzt von dem Verfolgungswahn der Petra anstecken lassen.« In der Tat lebten die beiden in den letzten Jahren zunehmend isoliert, was auch mit den Ängsten von Petra Kelly zu tun hatte, die zu guter Letzt auf ihn übergegriffen zu haben schienen.

In München zieht Kelly in der Zeit, in der Bastian in der Klinik ist, mit ihrer Freundin Erika in ein Appartement im Arabella Hotel.

Erika Heinz ist von Beruf Kartographin, vierzehn Jahre älter als Petra Kelly und eine knabenhaft wirkende Frau, fürsorglich bis zur Selbstaufgabe. Die beiden haben sich 1977 bei der von Petra gegründeten Kinderkrebshilfe kennengelernt und sind seither beste Freundinnen. Wenn Petra durch die Welt jettet, gibt es keinen Ort, von dem aus sie nicht eine Karte an ihre »liebe, gute Erika« schickt. Und sie schreibt ihr nicht nur, sie schickt ihr auch Kopien von Artikeln (von Kelly und über sie), Kopien von Briefen (politischen wie privaten) und en masse kleine Präsente und Bitten: Erika Heinz gestaltet für die Freundin von Anfang an fast alle Flugblätter und Plakate und ist immer da, wenn sie gebraucht wird. So auch jetzt. Nur ein einziges Mal macht Erika in den drei Wochen München einen Stadtbummel, alleine. Sonst ist sie immer an der Seite von Petra, und sie ist das gerne, auch wenn sie in der letzten Zeit überfordert ist: »Petra war so gradlinig und glaubwürdig – von ihrer Überdrehtheit war ich nie betroffen.«

In der Münchner Zeit fahren die beiden Frauen immer nachmittags zu Bastian ins Krankenhaus, meist per Taxi, U-Bahnen machen Kelly Angst. In seinem Krankenzimmer schlägt sie zusammen mit der Freundin sozusagen ihr Büro auf. Sie beantwortet Post, schreibt Texte und bereitet ihre Moderation für SAT 1 vor, wo sie seit dem 28. Januar 1992 jeden Dienstagabend das Umweltmagazin »Fünf vor zwölf« moderiert. Meist bleiben die beiden Frauen bis zum späten Abend, gehen manchmal sogar noch nach dem Essen wieder zurück – für Petra gilt es ja auch die Bastion zu halten gegen die um die Ecke wohnenden Bastians.

Bisher fuhr Kelly zur Aufzeichnung der Sendung alle paar Wochen nach Bremen, immer in Begleitung von Bastian. Jetzt kommt das Team für sie nach München, da sie sich weigert, von Bastians Krankenbett zu weichen. In der Nacht vom 27. März eskaliert die eh schon schwierige Zusammenarbeit ins Unerträgliche, für alle Beteiligten. Die Politikerin tut sich schwer mit dem journalistischen Alltag, redaktionelle Verbesserungsvorschläge in bezug auf Formulierungen oder Kleidung sind für sie schon »Zensur« oder gar »Vergewalti-

gungsversuche«. Die Redaktion scheint überfordert mit Kellys kämpferischem Eigensinn.
Nachts um halb eins kommt es im Münchner Studio zum Eklat und abrupten Abgang der Moderatorin, die Freundin im Schlepptau. Beide fahren noch mitten in der Nacht zu Bastian ins Krankenhaus: Kelly will ihm sofort ihr ganzes Leid klagen. Als einige Wochen später der Bruch zwischen Kelly und SAT 1 endgültig ist, wird Bastian sogar vom Krankenbett aus mit Vasallentreue eine seiner letzten Unterstützt-Petra-Kampagnen organisieren.
Gert Bastian bleibt bis Ende April in der Münchner Universitätsklinik. Er verläßt sie im Rollstuhl. Ein Krankenwagen bringt die beiden zur Bühler Höhe, eine Rehabilitationsklinik im Schwarzwald. Petra, die sich inzwischen eine Kur verschreiben ließ, zieht nun mit Gert zusammen in die Klinik ein. Die beiden haben ein gemeinsames Zimmer mit Telefon, das Fax steht auf dem Flur. Von hier aus fightet Kelly – das heißt, vor allem Bastian für sie – gegen SAT 1 und andere Feinde und organisiert die Solidarität.
Seine vielen Briefe an die »lieben Freundinnen und Freunde von Petra Kelly«, darunter etliche wohlklingende Namen, schreibt Bastian liegend und per Hand. Sie alle sollen bei SAT-1-Direktor Klatten gegen die Absetzung der Moderatorin Kelly protestieren. Etliche tun es. Prompt bedankt Bastian sich bei »den UnterzeichnerInnen des Protestbriefes vom 29.5.92« (den er persönlich formuliert hatte) für die »solidarische Unterstützung«, die zwar nichts nutzte, aber doch »ein großer Trost für Petra war«.
Am 1. Juni kontert SAT-1-Chef Klatten kühl: »Wir werden uns auch nicht durch öffentlichen Druck vorschreiben lassen, wie und mit wem wir unser Programm gestalten.« Und er

droht: »Die Details der bisherigen Zusammenarbeit würden öffentlich gemacht werden müssen. Wir wollen das im Interesse von Frau Kelly dringlichst vermeiden.« Beiden scheint der Abstand zu Petras vielfältigen und zunehmend hermetischen Aktivitäten zu fehlen. Sie erkennen nicht, wie ernst eine solche Andeutung zu nehmen ist.

Kelly scheint sich nicht leicht zu tun mit den Folgen ihres politischen Engagements. Jede Kritik nimmt sie persönlich. Und Bastian tut es mit ihr. Unermüdlich und unkritisch wird er Schutz und Gefahr zugleich für sie: Er blockiert jegliche nötige (Selbst)Kritik vollends ab.

Auch für diese bedingungslose Unterstützung liebt Petra ihren Gert. Und sie (ge)braucht ihn. Eine ihrer typischen Botschaften verwahrt er in dem Aktenkoffer, der bei seinem Tod neben seinem Schreibtisch steht. Da kritzelt sie, während er schon schläft, am 25. Mai im gemeinsamen Zimmer auf einen Zettel: »Leider erst um 4.55 zu Bett. Mich erst um 10.25 wekken. Ich muß schlafen. 5 Stunden reichen einfach nicht. Danke, meine Sonne! Petra«. Daneben strahlt eine dicke, kindlich gezeichnete Sonne.

Doch auch die rituellen Liebeserklärungen können die tote Beziehung nicht mehr zum Leben erwecken. Die Anspannungen zwischen den beiden schlagen immer häufiger in offene Aggressionen um, meist sind Petras Probleme in der Politik oder der Arbeit der Anlaß. Gert Bastian wirkt, bemerken Besucher, zunehmend apatisch. Er ist noch krank, er steht noch unter dem Schock der schweren Narkose, er sitzt noch im Rollstuhl. Als Petra Kelly und Erika Heinz ihn gemeinsam durch den Park schieben, sagt er resigniert: »Ein General im Rollstuhl, geschoben von zwei Frauen ...« Seine Lieblingsbeschäftigung in der Zeit: Patiencen legen.

Bastian hält Kellys Arbeitstempo schon lange nicht mehr durch. Doch zum ersten Mal in all den Jahren gehen jetzt Texte von ihr raus, die er noch nicht einmal mehr gegenliest. Er ist einfach überfordert, hat keine Lust mehr. Und dann gibt es da noch ein Problem mit der Lust: Die sexuelle Beziehung zwischen den beiden ist seit Mitte der 80er Jahre tot. Das sagt Bastian zu Vertrauten: »Zwischen uns ist nichts mehr.«

Der große Frauenheld seiner wirkungsvollsten Waffe beraubt? Er scheint impotent geworden zu sein. Zumindest mit ihr will oder kann er nicht mehr. Und von anderen Frauen ist seit langem nicht mehr die Rede. Der Don Juan hat seine Meisterin gefunden – und kommt nicht mehr von ihr los.

Die Szenen zwischen den beiden werden immer lauter. Selbst die loyale Erika Heinz klagt: »Auf der Bühler Höhe war es ganz schlimm. Ich habe das manchmal einfach nicht mehr ausgehalten.« Worüber gestritten wurde? »Es ging immer nur um Sachverhalte oder Personen, also Fragen, in denen Gert nicht der gleichen Auffassung war wie Petra und sie sich im Stich gelassen fühlte. Das machte ihn zunehmend aggressiv!.«

Wenn Kelly telefonierte, meist wegen SAT 1, konnte es passieren, daß er die Geduld verlor und sie anherrschte: »Hör doch endlich auf mit diesem Quatsch!« Heinz: »Manchmal hat er sie so haßerfüllt angeschaut, daß ich richtig Angst bekommen habe.«

Und sie? Sie verbrämt die triste Realität mit Liebes-Kitsch. Typisch dafür ist das kleine rosarote Büchlein mit dem Titel »Love«, das sie ihm ausgerechnet in diesem bedrückenden Mai schenkt. Damen und Herren der Weltkultur äußern sich darin zu dem reichlich strapazierten Thema. Der erste

Spruch ist von Percy Shelley: »Alle Liebe ist süß, gegeben oder genommen.« Und für ihr »Gertilein« fügt Petra hinzu: »Durch dich habe ich gelernt, was Liebe heißt und bedeutet. Danke. In tiefster Liebe und Dankbarkeit. Deine kleine Petra.« Sie wird noch vier Monate zu leben haben.

Will Petra Kelly die Drachen vom Grund der Gefühle mit diesen süßen Melodeien in Schach halten? Will sie die eigenen, steigenden Ängste übertönen? Will sie ihn entschädigen für alles, womit sie ihn belastet und kränkt? Will sie seine quasi Kastration mildern durch emotionale Auslieferung? Regrediert sie ins Kindliche? Demonstriert sie Schwäche, um Stärke zu kaschieren? Sind ihre Liebeserklärungen Beschwörungen gegen die eigene Angst?

Am 26. April schickt Bastian Petras Freundin Erika eine Postkarte. An den Rand, wo kaum noch Platz ist, kritzelt sie: »Für eine gewaltfreie Zukunft«. Für wessen gewaltfreie Zukunft? Vor welcher Gewalt hat sie Angst? Vor der der Supermächte? Oder vor der ihres Lebensgefährten?

Neben den zarten Tönen schlägt sie auch härtere an. Und sie redet seit 1984 darüber, daß »zwischen uns nichts mehr ist«. Nicht nur ihrer besten Freundin erzählt sie von ihrem sexuellen Frust. Auch in Interviews weist sie mehrfach darauf hin: »Wir sind geistig verliebt ineinander. Ich gehe um fünf ins Bett, und Gert steht um fünf auf. Wie sollen wir uns da überhaupt lieben? Am Tag haben wir auch keine Zeit, da machen wir Politik.« Sie entmannt ihn öffentlich. Gert Bastian, der große Verführer, entwaffnet. Bleiben ihm nur noch seine Pistolen.

Von der Bühler Höhe aus fahren die beiden direkt in eines der Lieblingshotels von Petra Kelly, ins »Lederer« am Tegernsee. Dort geht es so hoch her, daß eine Zimmernachbarin

sich umquartieren läßt, sie erträgt »die ständigen Szenen und das Geschrei« nicht mehr. Die beiden bleiben bis Mitte Juli und hinterlassen, ganz wie in dem Sanatorium, eine Telefon- und Fax-Rechnung von mehreren tausend Mark.
Das Paar, das Ende Juli Lötters, die befreundeten Ex-Nachbarn, besucht, scheint ein anderes zu sein. Die beiden tauchen überraschend an einem Sonntagnachmittag auf und wollen gar nicht mehr gehen. Für Lötters, die aus Freundschaft in ihrer Abwesenheit quasi ihre Hausmeister sind (die Post durchschauen, Faxe nachschicken und das Haus im Auge halten), bringen sie wie gewohnt kleine Präsente mit: Kräuterschaumbad aus Bad Wiessee und Mozartkugeln aus Salzburg. Die gewohnte Reiselust scheint wieder da, zumindest bei Petra, Bastian geht noch an Krücken. Nach einem Kurztrip nach Potsdam waren sie zur Eröffnung der Musikfestspiele in Salzburg, persönlich eröffnet von dem von Kelly so verehrten Dalai Lama (für sie »Seine Heiligkeit«).
Es ist »ein lustiger Nachmittag« bei Lötters, selbst wenn alles andere nicht so erheiternd zu sein scheint. »Ihr seid die einzigen, die uns in Bonn geblieben sind!« Auch über Politik wird diskutiert, die bedrückende Entwicklung im Osten und die Krux mit der Stasi. »Wir sind schon gespannt auf unsere Gauck-Akten«, sagt Petra Kelly. Etwa einen Monat später besucht Gert Bastian die Lötters noch einmal, diesmal alleine. Er bringt ihnen eine Holzente für ihren Gartenteich.
Am 21. August sieht Bastian zum letzten Mal Tochter und Ehefrau. Anlaß: Evas Geburtstag. Er wirkt »irgendwie unpersönlich und gehetzt«, kommt morgens an und fährt nachmittags weiter. Petra wartet in der Stadt auf ihn. »Er war ganz und gar von ihr okkupiert«, erinnert sich Lotte Bastian. »Er sagt zu mir: Wenn ich nicht wäre, würde sie im Bett liegen und verhungern.«

Von München aus geht's für ein paar Tage zu Omi Birle, die an den Augen operiert wird. Ab Ende August sind sie in Bonn, für knapp zwei Wochen. In der Zeit schreibt Bastian einen Text mit dem Titel: »Der Lack ist ab.« Darin heißt es unter anderem:

»Der Lack ist ab vom Gesicht der Bundesrepublik. Weggewischt ist die Schminke der demokratischen Wohlanständigkeit; abgelegt die Maske aus Gewaltverzicht, Toleranz und Solidarität mit Schwächeren! Und wieder ist sie unverhüllt da, die Fratze des häßlichen Deutschland, das nur sich für wichtig und lebenswert hält, alles ›artfremde‹ aber mit Haß verfolgt und erbarmungslos ausmerzt, wenn es das Bild vom ›reinen‹ Vaterland stört. Kaum ist die Bundesrepublik größer und mächtiger geworden nach dem holterdiepolter vollzogenen Anschluß des zweiten deutschen Staates, hat sich der organisierte, früher penetrant verharmloste Neofaschismus wie ein Flächenbrand übers Land gedehnt. Seit Wochen brennen Nacht für Nacht die Wohnheime der bei uns Schutz Suchenden, werden Mitmenschen, die das Pech haben, durch Hautfarbe und Aussehen als Nichtdeutsche kenntlich zu sein, mit Haß verfolgt, durch brutale Gewalt in Angst und Schrecken versetzt, gleich ob es sich um Männer, Frauen oder Kinder handelt, mit Füßen getreten, geschlagen und nicht selten umgebracht. Böse Erinnerungen an meine Jugend in den dreißiger Jahren werden da wach. (...) Ausgeblieben ist der empörte, zornige Aufschrei eines ganzen zur Parteinahme aufgerufenen Volkes. Und unsere Ordnungshüter? Warum sind sie nicht in der Lage, dem Unwesen Einhalt zu gebieten? Den Gewalttätern das Handwerk zu legen?«

Ja, warum? Einer der Gründe ist, daß die Welt nicht so einfach in Gut und Böse aufzuteilen ist, wie der gewendete Friedensgeneral es gerne hätte. Manchmal lauern die Gewalttäter eben da, wo man sie gar nicht vermutet und sind ihre Motive auch noch edel ... Irritierend auch sein Pseudo-Objektivismus, diese Unfähigkeit zur selbstkritischen Reflexion des empörten Soldaten, der sich mit 18 glühend zum Rußlandfeldzug gemeldet hatte und immerhin hochdekoriert aus diesem verbrecherischen Krieg zurückkam.

In diesen Septembertagen des Jahres 1992 startet Gert Bastian, wenige Wochen vor dem Ende, eine neue Kelly-Kampagne. Diesmal bittet er die »lieben Freundinnen und Freunde«, Petras Nomination für den »A.-Sacharow-Preis der in Los Angeles beheimateten ›Gleitsman Foundation‹« zu fördern: »Für den Fall, daß ihr Petras Nominierung unterstützen wollt/könnt und damit auch Petras rastlose, kontinuierliche Arbeit auf den Gebieten Menschenrechte, Ökologie und Frieden, schreibt bitte an ...«

Petra Kelly selbst konzipiert inzwischen ein neues TV-Projekt. Sie möchte eine »ökologische Interview-Reihe« machen, Titel: »Wege aus der Gefahr«. Darin will sie »Persönlichkeiten und Vordenker aus dem Ausland« vorstellen, die nicht nur »das neue Denken verkörpern, sondern auch über ihr eigenes, bespielhaftes, konkretes und mutiges Handeln andere Menschen ermutigen, selbst positive Veränderungen zu wagen«. Zu ihren Wunsch-PartnerInnen gehören der Dalai Lama und Gorbatschow ebenso wie Bella Abzug und Vaclav Havel. Sie glaubt an diese ganze Welt der tönenden Namen. Und sie glaubt an Helden.

Petras Ex-Freund Lukas Beckmann, einer der wenigen, der ihnen in Bonn verblieben ist, trifft die beiden in diesen letzten Tagen zweimal. Einmal zufällig am 3. September spät abends im Büro der Grünen im Kleinen Haus am Tulpenfeld, wo Bastian und Kelly, die einen Schlüssel haben, ihre Arbeiten abwickeln. Beide, erinnert sich Beckmann, wirken besorgt. »Er machte sich Sorgen um sie, und sie machte sich Sorgen um ihn.« Petra: »Ich mache mir solche Vorwürfe, daß ich Gerts Leben kaputt mache. Was soll nur werden? Er kann nicht mehr ... Aber ich kann auch nicht ohne ihn.« Und sie sagt auch: »Wenn Gert nicht mehr ist, dann will ich auch nicht mehr.« In Bastians Gegenwart. Aber sie erzählt im gleichen Atemzug, voller Entsetzen und Unverständnis, von dem Selbstmord eines Freundes.

Am 7. September treffen sie sich noch einmal in Beckmanns Wohnung. Anlaß: ein von Grünen West und Ost gemeinsam geplantes Seminar und die Beschleunigung der Einsicht in die Stasi-Akten bei der Gauck-Behörde. Petras Terminkalender ist so voll, daß sie das nächste Treffen erst für den 6. Dezember vereinbaren können. 1994, das ist beschlossene Sache, wird Petra Kelly fürs Europa-Parlament kandidieren. Ludger Volmer hat ihr Unterstützung zugesagt, und die Grünen haben in der Tat keine, die gerade dafür geeigneter wäre. Noch lieber möchte Kelly wieder in den Bundestag, da aber stehen die Chancen schlecht.

Bis zuletzt informiert Petra ihre Freundin Erika fast täglich über alles, was sie bewegt. Am 23. und 26. September schickt sie ihr die letzten Postkarten und schreibt: »Ich suche neue berufliche Wege. Ich habe Angebote aus London. Aber das geht nicht wegen Omi. Alles Liebe. Deine Petra.« Das letzte Telefonat mit Erika Heinz führt Petra Kelly am 29. September. Sie erzählt der Freundin begeistert von einer Umweltsendung, die sie bei BBC-London moderieren soll, und von einer für Ende Oktober geplanten Reise in die USA. Die Universitäten von Hawaii und Washington bieten ihr Professuren an.

Zwei Tage später lebt Petra Kelly nicht mehr.

31. Oktober 1992: Grüne Gedenkfeier für Petra Kelly *und* Gert Bastian, für Opfer und Täter gemeinsam.

DIE REAKTION

Am 26. Oktober 1992 wird Petra Kelly in Würzburg beerdigt, neben dem Grab ihrer an Krebs gestorbenen Halbschwester Grace. Am 9. November trägt die Familie Gert Bastian in München zu Grabe. Am 31. Oktober veranstalten die Grünen in Bonn eine »Gedenkfeier für Petra Kelly und Gert Bastian«. Wider Willen macht diese Feier klar, woran die beiden eben auch zugrunde gegangen sind: am Selbstbetrug; an der Abwesenheit jeglicher politischen Reflektion im Privaten (das Private gilt eben in Wirklichkeit keineswegs als politisch, auch ein Vierteljahrhundert nach 1968 und nach Beginn der neuen Frauenbewegung noch nicht); sowie an der Verdrängung, dem Nichtwahrhabenwollen, dem Nichthinsehenkönnen der anderen. Und auch am Kitsch, der sich klebrig über die Wahrheit zieht.

Zu diesem Zeitpunkt ist es seit zehn Tagen klar, daß Dritt-Täter ausgeschlossen sind und Bastian seine Lebensgefährtin im Schlaf erschossen hat. Nur einige geheimdienststrapazierte OstlerInnen sowie schlecht informierte AusländerInnen hängen noch an der Verschwörungs-Theorie. Alle anderen reden ohne Zögern vom »Doppelselbstmord«. Dabei ließ sich kein einziger Hinweis auf Kellys Einverständnis mit dem Tod finden. Im Gegenteil, ihr für sie so atypisches stummes Verschwinden (noch nicht einmal ein Abschiedswort für die geliebte Omi Birle und ihre Pflegetochter Nima) sowie ihre mannigfaltigen Pläne für die kommenden Monate und Jahre lassen nichts anderes zu als den Schluß: Petra Kelly wurde gegen ihren Willen erschossen.

Diese Tatsache hindert die Grünen jedoch nicht am Arrangement einer Gedenk- und Trauerfeier für Kelly *und* Bastian, für Täter *und* Opfer gemeinsam, in festlichem Rahmen: auf der Bühne zwei riesige, blumengeschmückte Porträts der beiden, Flötenmusik zur Eröffnung, und Konstantin Wecker singt die »Weiße Rose«, weil's so paßt. Einer nach dem anderen, eine nach der anderen tritt vor: deutsche Grüne aus West und Ost, internationale MenschenrechtlerInnen und HumanistInnen, ein leibhaftiger Ministerpräsident sowie freischwebende Intellektuelle. Fast alle gedenken sie unterschiedslos beider zusammen, »der lieben Petra und des lieben Gert«. Die wenigen, die diese makabere Veranstaltung mißbilligen, sind nicht da: Joan Baez, gerade in Deutschland zu Besuch, hat sich geweigert, für Bastian mitzusingen. Und der grüne Ex-Abgeordnete Jo Müller beschwerte sich per Brief beim Grünen Bundesvorstand über den »unvergleichlichen Zynismus, Mörder und Opfer gemeinsam zu ehren oder zu gedenken«.

Bei den Anwesenden aber ist die Tendenz auffallend, gar nicht wissen zu wollen, was geschah. Einige sprechen das sogar ganz offen aus. So appelliert der Psychoanalytiker Horst Eberhard Richter mit Tremolo: »Wir sollten jetzt das Unverständliche in Achtung hinnehmen und im Geist der beiden unsere Arbeit fortsetzen.« Und der sonst so hartnäckige grüne Minister Joschka Fischer resigniert unter Tränen: »Es wird kaum eine Antwort zu finden sein.«

Kellys Ex-Freund und Grünen-Sprecher Lukas Beckmann flüchtet in die Poesie und spekuliert über die »Widersprüchlichkeit und Schönheit« der Ereignisse. In das ledergebundene Kondolenzbuch notiert er Selbstgedichtetes: »Liebe Petra/ Lieber Gert/ Warum jetzt/ Warum so früh/ Warum ohne

Abschied/ Warum ohne ein Wort/ Ihr bleibt ja da und seid doch fort/ Seid fort und bleibt doch.« Dichtung und Wahrheit.

Derselbe Lukas Beckmann wird einige Monate später zusammen mit der Familie und Freunden von Petra Kelly öffentlich die Wiederaufnahme der Ermittlungen fordern, denn: »Petra Kelly wollte nicht sterben! Sie starb nicht freiwillig. Die These der Staatsanwaltschaft vom Doppelselbstmord ist falsch! Vor allem die Korrespondenz von Petra Kelly am 1. Oktober 1992, dem vermutlich letzten Lebenstag, beweist, daß Petra Kelly ohne ihr Wissen und ohne ihre Einwilligung starb und im Schlaf vorsätzlich getötet wurde. Hinweise, die Gert Bastian als Täter in Frage stellen, gibt es nicht.«

Warum erst jetzt, warum nicht früher? Das halbe Dutzend Menschen, das Kelly und Bastian nahe war (dazu gehört Beckmann), wußte von Anbeginn an, daß sie nicht sterben wollte. Warum haben sie der ungeheuerlichen These vom »Doppelselbstmord« nicht gleich widersprochen? Ist es so schwer, vor sich und anderen zuzugeben, daß der Freund gleichzeitig der Feind sein kann? Haben sie ein schlechtes Gewissen – der toten Kelly gegenüber wie auch dem mit dem Problem Petra allein gelassenen Bastian? Oder wollen die Frauen, die potentiellen Opfer, es einfach nicht wahrhaben – und die Männer, die potentiellen Täter, schon gar nicht?

Eva Bastian, die Tochter, klagt im Rückblick bitter: »Alle haben gewußt, daß Gert an Petra zerbricht. Alle haben sich hinter seinem Rücken versteckt. Gert hat nur das getan, was jeder von Petras Freunden irgendwann gerne getan hätte. Das ist der Grund, warum sie alle ein so schlechtes Gewissen haben.«

Ja, es war ein Fehler, diese gemeinsame Gedenkstunde zu zelebrieren. Aber ein aufschlußreicher Fehler. Und es lohnt sich, noch mal hinzuhören.

In ihrer offiziellen Stellungnahme zum 31. Oktober 1992 klagen die Grünen, die schon seit Jahren von der als sehr strapaziös geltenden Kelly und ihrem Bastian nichts mehr wissen wollten: »Wir haben mit Petra Kelly und Gert Bastian zwei Menschen verloren, deren Lebenswerk, deren bedingungsloser Einsatz für eine humanere Welt uns Vermächtnis und Auftrag ist.« Und der hessische Umweltminister Joschka Fischer beginnt seine Rede mit den Worten: »Petra Kelly und Gert Bastian sind tot. Daß Petra und Gert auf solch schreckliche, gewaltsame Weise den Tod fanden und nun nicht mehr sind, ist für mich auch heute nur schwer zu begreifen. Ihr Tod ist eine große menschliche Tragödie und läßt uns mit der fassungslosen Frage zurück: Petra und Gert mit einer Kugel im Kopf – ich kann es nicht glauben! Warum sie? Warum jetzt? Was ist überhaupt geschehen? Diese Fragen werden uns noch lange bedrängen, aber es wird kaum eine Antwort darauf zu finden sein« – weil keine Antwort gesucht wird.

Auf eines allerdings weiß der alte Kämpe schon jetzt eine Antwort, und sogar eine selbstkritische. Fischer, Grüner der ersten Stunde: »Wir müssen uns fragen, warum wir es als Partei nicht geschafft haben, Petra und manch anderen einen Platz zu schaffen, von dem aus sie ihre große und zugleich schwierige Persönlichkeit voll für ihre Sache und damit auch für die grüne Partei hätten einsetzen können. Hier lag und liegt ein Grundfehler in der Konstruktion unserer Partei und ihrer innerparteilichen Kultur: innerparteiliche Demokratie und Gleichheitsprinzip sind zwei unverzichtbare Grundsätze, die allerdings nur dann ihre segensreiche Wirkung entfalten können, wenn sie die Unterschiede der einzelnen Men-

schen, ihre Charaktere und Persönlichkeiten nicht nivellieren, sondern vielmehr zur Entfaltung kommen lassen.«
Wohl wahr. Auch das ist ja einer der Gründe für die Eskalation zwischen Kelly und Bastian: die politische Isolation und Verbitterung der beiden.
Sodann tritt die Wiener Grüne Freda Meissner-Blau ans Mikrophon und schafft Bemerkenswertes: Sie berichtet einerseits, wie sie die beiden noch sechs Wochen zuvor in Salzburg getroffen und Petra voller Zukunftspläne gesteckt habe: »Im November wollten wir uns in Straßburg wiedersehen, sie als Zeugin und ich als Mitglied der Jury des Tribunals zur Frage Tibets, die ihr so sehr am Herzen lag.« Im gleichen Atemzug aber endet die Friedensfrau in donnernd-unkritischer Betroffenheit über »diesen unsäglichen Tod zweier leuchtender Kampf- und Weggefährten«. So schön haben wir das seit Maos Kulturrevolution nicht mehr tönen gehört ... So verlogen aber auch nicht.
Horst Eberhard Richter scheint zu der Minderheit zu gehören, die einer Verschwörungstheorie anhängt. Dies überrascht aus dem Munde eines Seelenexperten. Oder ahnt er mehr, als er zugibt? Ist ihm die Wahrheit zu unpassend und unbequem? Wie auch immer, Richter sagt an diesem Tag ins Mikrophon: »Was immer es gewesen sein mag, das diese beiden von uns betrauerten, großartigen Menschen in den Tod geführt hat, eines war es gewiß nicht: nämlich Resignation in ihrem beispielhaften Kampf für Frieden, für die Rechte der Menschen und der Natur (...). Wäre das Schreckliche, das geschehen ist, in ihrer Absicht gelegen, hätten sie mit absoluter Sicherheit eine Hilfe zum Verstehen hinterlassen. Denn sich mit allem, was sie dachten und taten, für ihre Freunde und die Öffentlichkeit verständlich zu machen, war ihnen immer

wichtig gewesen. Also sollten wir jetzt das Unverständliche in Achtung hinnehmen und sie so in uns bewahren, wie wir sie bis zuletzt wahrgenommen und empfunden haben.«

Das Unverständliche? Eine in diesem Fall wirklich erstaunliche Formulierung aus dem Munde des Leiters des Frankfurter Freud-Instituts. Verständlicher ist diese Ratlosigkeit in diesem Fall da schon bei den Frauen und Männern aus dem Osten. Zu lange wurden sie drangsaliert und verfolgt von wahrhaft finsteren Mächten, zu wenig waren sie konfrontiert mit der bei uns seit einem Vierteljahrhundert wieder öffentlich zugänglichen Reflexion des sogenannten »Privaten«, das in der Tat selten so politisch wurde wie im Fall Kelly/Bastian.

Die mit Petra befreundete Bärbel Bohley erinnert in ihrer Rede an die guten alten Zeiten, als »Petra und Gert« noch Subversives durch die Mauer trugen: »Symbole und Aktionen waren Elemente ihrer Sprache. Und diese Sprache haben wir verstanden. Solidarność, Schwerter zu Pflugscharen, die gelbe Sonnenblume, das waren Erkennungszeichen für den gleichen Widerstandsgeist.« Und jetzt? »Hier kann ich ihnen nur nah sein, wenn ich ihren Kampf annehme. Und die Fortsetzung des Kampfes beginnt mit meinem Zweifel an der Art ihres Sterbens. Dieser Tod paßt nicht zu ihnen. (...) Ich wehre mich nicht gegen den Gedanken an einen Selbstmord, weil ich ihn nicht aushalte, sondern weil ich diese oberflächliche Begründung nicht ertrage. Wer sich so geändert hat wie Gert, der hat sich wirklich verändert.«

Wirklich verändert? Bedeutet das, daß der Mensch eines schönen Tages als ein anderer aufwacht? Gewendet ganz und gar? Vom glühenden Hitler-Soldaten und überzeugten General zum konsequenten Pazifisten? Oder bedeutet geändert, daß man eben die Summe aller seiner Erfahrungen ist: das eine *und* das andere, das Neue *und* das Alte – zusammenzubringen nicht durch einen Bruch mit der Vergangenheit, sondern nur durch ihre wirkliche Verarbeitung (statt volontaristischer Behauptung).

Die herzlichste Rede des Tages kommt aus dem Munde des russischen Schriftstellers Lew Kopelew, auch er ein Anhänger der Dritt-Täter-Theorie, die »Atommafia« vielleicht? »Ich glaube an keinen Selbstmord. Sie wären nicht freiwillig von uns gegangen, ohne es uns zu erklären«, vermutet der KGB-geprüfte Kopelew. Er erinnert an die »junge, schöne, kenntnisreiche und redegewaltige« Petra und an Bastian, dem »die Seele aus den Augen spricht: Dem kann man vertrauen, auf den kann man sich verlassen«. Kopelew ist sich sicher: »Gemeinsam war beiden die Unfähigkeit, selbst zu heucheln, sich zu verstellen, ihre Gefühle, ihre Gedanken zu verbergen.« Leutnant Bastians einstiger Gegner, der russische Ex-Offizier Kopelew, endet darum in dem Kredo: »Petra und Gert empfinde ich als Menschen der Zukunft, des neuen Jahrhunderts und Jahrtausends; denn sie waren frei von Vorurteilen, von jeglichen Feindbildern, frei von Haß und Eigennutz.«

Ach wie schön das wäre, lieber Lew Kopelew, wenn es so wäre! Wahrlich nachrevolutionäre, paradiesische Zeiten! Die Menschen wären keine Reichen und Armen mehr, keine Wissenden und Unwissenden, keine Weißen und Farbigen, keine Erwachsenen und Kinder, keine Frauen und Männer – keine Bewaffneten und Unbewaffneten. Sie wären ganz einfach Menschen. Und Zuckererbsen gäbe es für alle! Doch noch sind wir weit entfernt von diesem Paradies. Noch gibt es Machtverhältnisse und Verformungen der Seele, von deren Abgründen wir leider noch immer viel zuwenig wissen. Und genau darum sind Petra und Gert eben nicht die Menschen der Zukunft, sondern Produkte einer beklommenen, verlogenen, eisigen Gegenwart.

* * *

Fünf Tage zuvor am Grab von Petra Kelly auf dem Waldfriedhof von Würzburg ist die Stimmung ähnlich wie in Bonn. »Warum nur dieser Weg in den Tod?« fragt Lukas Beckmann nochmals wider besseres Wissen und zitiert, die Legende vom Doppelselbstmord indirekt nährend, Kellys fatalen Satz: »Wenn Gert nicht mehr da ist, will ich auch nicht mehr.« Hier am Grab jedoch läßt er zumindest einige »quälende Fragen« zu, die er in Bonn ganz wegdrückt: »Du hattest so viele Pläne, Petra ...«

Nach dem von Petra geliebten »Ave Maria« und »Amazing Grace« ergreift Pfarrer Zink das Wort, Kelly und Bastian wohlvertraut von der Sitzblockade am Atomkraftwerk Fessenheim und anderen wackeren Bürgerstaten. Jörg Zink beginnt mit den Worten: »Uns allen steht noch das Entsetzen ins Gesicht geschrieben, der Schrecken über das, was geschehen ist, und für das wir keine Deutung haben. Wir stehen ratlos vor einem stummen Abschied, der so gar nicht zu dem Bild passen will, das wir von Petra haben. (...) Und nun ist die, die uns allen um lange Wege voraus war, uns allen voraus von dieser Erde gegangen. Sie muß wohl zuletzt alle Hoffnung auf ein sinnvolles Werk auf Erden und auf eine bessere Zukunft verloren haben. Diese lebensvolle Frau muß in einer Verzweiflung in den Tod gegangen sein, die wir uns nicht ausmalen können.« Alle Hoffnung verloren? In den Tod gegangen? Eine Stunde später wird der Ex-Soldat Pfarrer Zink zu einer Freundin von Petra Kelly sagen: »Mir ist klar, daß Gert es getan hat.«

Kunigunde Birle, die 86jährige (Groß)Mutter von Petra Kelly

wird in Zinks frommen Worten kaum Trost gefunden haben, im Gegenteil: Ihre Verzweiflung muß ins Unermeßliche gestiegen sein. Denn sie ist die einzige, die es dank ihrer Liebe zu Petra und frei von allen ideologischen Fesseln von Anfang an laut sagt: »Der hat sie umgebracht! Wie kann man eine intelligente junge Frau einfach ermorden? Ich finde das furchtbar!« Und auch für Mutter Margarete Kelly ist klar: »Meine Tochter wollte niemals aus dem Leben gehen!«

»Die Zeit« schreibt wenige Tage später über die Beerdigung: »Selbst wenn er sie ohne Verabredung zum gemeinsamen Selbstmord erschossen haben sollte: An Heimtücke und niedere Beweggründe will keiner glauben, der Bastian kannte. Wer darf einen Gert Bastian verfluchen, der Petra Kelly wie eine Kranke durch die letzten Jahre führte?« Nicht genannt werden will der Mann, der darauf mit den sarkastischen Worten reagiert: »Wo kommen wir hin, wenn für Neurotiker und Workaholics der Gnadenschuß freigegeben wird!«

In der Tat. Die angstzerfressene Petra Kelly ist ohne ihr Wissen und im Schlaf erschossen worden – von dem Menschen, dem sie am meisten vertraute, blind vertraute. Dies gilt gemeinhin für Justitia als die heimtückischste Variante von Mord, mögen die Motive des Täters noch so tragisch sein. Denn egal, ob der Mörder es gut meint oder schlecht: Das Opfer ist tot.

Stellen wir uns einmal für Sekunden das Drama ungekehrt vor: Petra Kelly erschießt nach zwölf Jahren Beziehung Gert Bastian im Schlaf und tötet dann sich selbst. Wie hätte die Familie von Gert Bastian reagiert? Wie seine Freunde? Wie die alten Militärs und wie die neuen Politiker? Wie die Öffentlichkeit? Hätte die Mörderin Kelly so mit Verständnis rechnen dürfen wie der Mörder Bastian?

Auf diese Frage an die Nächsten: Was wäre gewesen wenn ...? wehren alle nur entsetzt ab. Nie hätte sie! Sie haßte Waffen! Undenkbar, daß sie geschossen hätte! Aber wenn sie doch ...? Ja, dann ... Kein gemeinsames Kondolenzbuch, keine grüne Gedenkstunde für beide, keine milden Medien und keine einfühlsame Staatsanwaltschaft. Der Täterin wäre die öffentliche Verurteilung sicher gewesen. Diese Wahnsinnige! Wie konnte sie nur! Der Arme hatte doch schon sein ganzes Leben für sie geopfert! Der Bedauernswerte wollte schon lange zu seiner Familie zurück! Der arme Mann!
Doch hier hat keine Frau einen Mann erschossen. Hier hat ein Mann eine Frau erschossen. Und zwar ein im Kern traditionell männlicher Mann eine im Kern traditionell weibliche Frau. Das Drama spielte sich ab zwischen einem Ex-General und einer Pazifistin, einem Hitler-Soldaten und einer Nachgeborenen, einer berühmten Frau und dem Mann an ihrer Seite, zwei Symbolfiguren des plakativen Fortschritts, einem öffentlichen Liebespaar. In der engeren Umgebung wußten die meisten, daß die beiden auf eine Katastrophe zusteuerten – doch niemand griff ein. Warum nicht? Liebesbeziehungen sind »Privatsache«, da »mischt man sich nicht ein«, das ist »deren Angelegenheit«. Und wenn die tödlich ist, die Angelegenheit? Pech gehabt.
»Es war trotzdem eine große Liebe, aber am Ende wohl ohne Ausweg«, bedauert eine blasse Antje Vollmer. Und der Grünen-Sprecher Ludger Vollmer schickt hinterher: »Es ist irgendwie auch gut, daß keine politischen Motive im Spiel sind.« Doch, Ludger Vollmer, es sind »politische Motive« im Spiel. Der Tod Petra Kellys war ein Mord, ein politischer Mord – nur anders, als wir uns den gemeinhin vorstellen.

* * *

Zwei Wochen später, bei der Beerdigung des Täters »im engsten Kreis« auf dem Münchner Nordfriedhof, drücken sich die Betroffenen nicht. Bastians Sohn Till spricht an diesem 9. November ein paar schonungslos ehrliche Worte. Er vergleicht den Vater in all seiner Widersprüchlichkeit und Halbherzigkeit mit Ulrich von Hutten: »Halb Raufbold, halb Reformator und mit der halben Welt im Streite« und zitiert dazu gleichnishaft Conrad-Ferdinand Meyer:

»Ich halte Leib und Geist in strenger Zucht
Und werde doch vom Teufel scharf versucht.
Ich möchte meiner Seele Seligkeit
Und bin mit Petris Schlüsselamt im Streit.
Am Tisch der Fugger speist ich dort und hie
Und schimpfte weidlich Pfeffersäcke sie.
Den Städterhochmut haßt ich allezeit
Und hätte gern ein städtisch Kind gefreit.
Auf ehrenfeste Sitten geb ich viel
Und fröne dem verdammten Würfelspiel.
Ich bin des Kaisers treuster Untertan
Und riet dem Sickingen Empörung an.
Das plumpe Recht der Faust ist mir verhaßt
Und selber hab ich wohl am Weg gepaßt.
Ich bete christlich, daß es Friede sei,
Und mich ergötzen Krieg und Kriegsgeschrei.
Der Heiland weidet alle Völker gleich –
Nur meinen deutschen gönn ich Ruhm und Reich!
Das heißt: Ich bin kein ausgeklügelt Buch,
Ich bin ein Mensch mit seinem Widerspruch.«

»Wir nehmen heute Abschied von Gert Bastian, einem Menschen in seinem Widerspruch«, bekennt der Sohn und schließt mit den Worten: »Der Tod eines jeden Menschen, und erst recht ein Tod wie dieser – ein Tod der letzten Endes unfaßlich bleibt – ist immer wie ein schwarzer Spiegel, in dem wir auch ein Stück von uns selbst erkennen können, wenn wir lange und tief genug hineinzublicken wagen. Freilich: Viele scheuen diesen Blick, polieren statt dessen Heiligenbilder und konstruieren absurde Verschwörungstheorien.«
Der Vater ist auch an der Halbherzigkeit und am (Selbst)Betrug gescheitert. Die Kinder mögen mit der Lüge nicht mehr länger leben.

* * *

In den Medien schwankt die Berichterstattung dieser Tage zwischen Sensation (»Tötete der General aus Eifersucht?«), Reflexion und Borniertheit. Boulevard- und Yellow-Presse wühlen in der Wäsche, die liberalen und konservativen Medien scheinen erschrocken und berichten auffallend differenziert. Die linken Blätter funktionalisieren beide über ihren Tod hinaus.
Kurz nach der Entdeckung der Leichen kommentiert der 67jährige Berliner Wilfried Rasch, Gerichtspsychiater und Autor der als Klassiker geltenden Analyse »Tötung des Intimpartners«, für den »Spiegel« die Tat. Das Blatt faßt zusammen: »Ob Petra Kelly ihren Tod durch die Hand des Generals wünschte wie die literarische ›O.‹ in letzter Unterwürfigkeit unter ihren Meister, oder ob sie gegen ihren Willen im Schlaf erschossen wurde – bei Bastian scheidet nach Raschs Ansicht Heimtücke, das Charakteristikum für Mord, aus. Erst recht führt bei Verbrechen zwischen zwei Liebenden in der Regel

nicht der Haß, sondern die übergroße Nähe zu fatalen Verstrickungen. Entsprechend zeigen sich in der Realität fließende Grenzen zwischen dem gemeinschaftlichen Selbstmord und dem um den geliebten Partner ›erweiterten‹ Selbstmord.«

Der »Experte« vertritt damit die durchaus volkstümliche Auffassung, daß ein Mann aus Liebe töten kann; und daß einer, der »seine« Frau tötet, nur mit deren Einverständnis gehandelt haben kann, bzw. dieses gar nicht erst benötigt. Denn was auch immer sie gesagt hat oder nicht, und selbst wenn sie das Gegenteil signalisiert (wie Petra Kelly es wiederholt getan hat): Auch wenn eine Frau Nein sagt, meint sie bekanntlich Ja. Und wenn sie nichts sagt, meint sie allemal das, was der Mann meint. Vermutlich genießt sie sogar die Selbstaufgabe bis in den Tod, ganz wie die vom »Spiegel« beschworene »O.« ...

Für die Medien gilt generell: Je weiter es nach links geht, um so ignoranter und voreingenommener wird die Berichterstattung über den Tod der beiden Menschen. Hier wird auf eine fast groteske Art und Weise überdeutlich: Auch so manche linken Ideologen interessieren sich weder für die Menschen noch für die Wahrheit.

So gefällt sich die sozialistische »SoZ« in Allgemeinplätzen wie: »Sie verkörperten wie keine anderen die Stärken und Schwächen jener Bewegung. Der Schock über die verlorengegangenen Petra Kelly und Gert Bastian ist der Schock über das Schicksal einer verlorengegangenen Generation.« Verlorengegangen ...

Der neukommunistische »Freitag« hält es ausgerechnet in dem Zusammenhang für angebracht, Bastians »Zivilcourage« zu würdigen und endet ohne Zögern mit dem Polit-Versatzstück: »Das Private ist politisch, und das Politische ist privat.« Gut gebrüllt, Genosse. Nur: Was könnte das in dem Zusammenhang wohl bedeuten?

Am effektivsten aber regelt die altkommunistische »UZ« die Chose. Sie nutzt den Tod der beiden ganz einfach zu einem Polit-Appell: »Wer das Andenken von Petra Kelly und Gert Bastian wirklich ehren will, der hilft mit, die Losung restlos in die Tat umzusetzen, die damals im Krefelder Seidenweberhaus hing: Der Atomtod bedroht uns alle – keine Atomraketen in Europa.« – In Anbetracht der Todesumstände der beiden der nackte Zynismus.

Im Mai 1993, mehr als ein halbes Jahr nach dem Tod, spülen die Recherchen (nicht zuletzt die meinen) die Frage nach Bastians Motiv wieder hoch. In alternativen Kreisen wird nun plötzlich die Theorie vom »IM Bastian« favorisiert. Jetzt, nachdem die so praktische Erklärung vom »Doppelselbstmord« immer mehr Risse bekommt, scheint denen, die alles erklären, aber nichts verstehen wollen, das am wahrscheinlichsten: Bastian hat mit der Stasi zusammengearbeitet und hatte Angst, daß das rauskommt. Petra hätte ihm das nie verziehen und darum ...

Stimmt. Bei Bastians doppelgesichtiger, undurchschaubarer Persönlichkeit ist selbst das keineswegs auszuschließen und muß – soweit überhaupt noch möglich – geklärt werden. Hat der von seinem Verteidigungsminister so schnöde brüskierte General 1979/80 Trost bei der anderen Seite, bei Wolff oder gar beim KGB gesucht? Oder hat er in den Jahren darauf blauäugige oder gar bewußte Gespräche mit Geheimdiensten realsozialistischer Staaten geführt? So ganz ausgeschlossen ist beides nicht – wenn auch unwahrscheinlich. Denn bis heute (Juni 1993) ließen sich trotz intensivster Nachforschungen in Bastians Vergangenheit nicht die geringsten Anzei-

chen finden für eine Kollaboration mit der anderen Seite. Der wendige General scheint politisch eher naiv gewesen zu sein, eben »ein deutscher Idealist«, wie ihn die Schweizer »Weltwoche« so treffend charakterisierte.
Doch selbst wenn es so gewesen wäre, selbst wenn Gert Bastian seine Lebensgefährtin Petra Kelly erschossen hätte, weil er Stasi-Enthüllungen zu befürchten hatte – ja, würde das dann als Erklärung genügen? Ist es normal, daß ein Mann eine Frau erschießt, nur weil er ihr nicht die Wahrheit gesagt hat? Ist es selbstverständlich, daß man aus Angst vor Enthüllungen nicht nur sich, sondern auch einem anderen Menschen das Leben nimmt? – Nein, ein Fall »IM Bastian« wäre nur ein letzter Tropfen gewesen in dem Meer, in dem er ertrunken ist und sie mit hineingezogen hat.
Auch daran sind die beiden im tiefsten Innern zerbrochen: An der Eindimensionalität dieses Politikverständnisses und an ihrer Funktionalisierung – durch andere und durch sich selbst.
Die Berliner »taz« spricht mit vielen Zungen. Nach der Entdeckung der Leichen vermeldet sie zunächst stramm: »Allem Anschein nach sind Petra Kelly und Gert Bastian freiwillig aus dem Leben geschieden« – und stellt dies im Nachrichtenteil auch lange nicht infrage. Den Zyniker vom Dienst aber, Mathias Bröckers, schützt sein notorischer Sarkasmus vor dem Kitsch. Er spottet am 27. Oktober in einem Kommentar: »Ohne einen Soldaten und seine Waffe im Haus wäre Petra Kelly wahrscheinlich noch am Leben. (...) »An einer Friedensbewegung, deren Helden bewaffnet sind, kann etwas nicht stimmen.« Und: »Wenn zwei Galionsfiguren einer politischen Bewegung auf so lehrreiche Weise scheitern, sollte das allen Überlebenden zu denken geben.«
So ist es.

Generalmajor Gert Bastian, Kommandeur der 12. Panzerdivision, im März 1979.

DER GENERAL

Wer war Gert Bastian?
»Für einen Werbefilm der Bundeswehr wäre er die Idealbesetzung. In Felduniform, mit offenem Kragen, das schwarze Barett auf dem Kopf, verkörpert er den Prototyp des schneidigen Panzergenerals: federnd, drahtig, fester Blick, knappe, präzise Sprache. Ein Mann klarer Entscheidungen, ein Soldat mit Zivilcourage.« So sieht ihn der »stern« 1979.
»Deutscher Idealist ist er geblieben – auch in seiner neuen Rolle: opferbereit, stur und überzeugt von seiner Aufgabe. Ohne jede Emotion verhindert er Einblicke in seine Seelenlage: er erzählt von seiner Lebensaufgabe, als schildere er die Biographie eines Fremden.« So sieht ihn die Schweizer »Weltwoche« 1984.
»Er war sehr frisch, sehr frech, keck. Adrett sah er aus, und das hat mir schon gut gefallen.« So sieht ihn seine zukünftige Frau 1944. – *»Er war eigentlich ein unpolitischer Mensch, aber ein wunderbarer Vater. Ich kenne ihn nur weich und zärtlich, für einen Mann völlig untypisch.«* Das sagt im Rückblick seine Tochter Eva. – *»Ich bin kein ausgeklügeltes Buch, ich bin ein Mensch mit seinem Widerspruch«*, so lautet das literarische Zitat, mit dem Sohn Till den Vater charakterisiert.
Am 31. August 1992, noch nicht einmal drei Wochen vor dem Tod der beiden, interviewt eine Autorin des Lingen-Verlages Kelly und Bastian. Das Gespräch findet im Kölner Maritim-Hotel statt, die beiden sind auf dem Weg nach Salzburg. Thema: »Prominente erinnern sich«. Die Textsammlung soll Weihnachten 92 erscheinen, für einen guten Zweck: zugunsten herzkranker Kinder. Kelly wird auf die schriftliche Fas-

sung des Textes nie mehr reagieren, Bastian autorisiert sie zwei Wochen später von Berlin aus. Als der Text drei Monate später erscheint, lebt er nicht mehr. In diesem Text verrät Bastian einiges über sich, nachfolgend Auszüge:

Ich bin jetzt 69 Jahre alt. Und wenn ich so zurückblicke auf diese 65 oder 66 Weihnachten, die mir doch irgendwie in Erinnerung geblieben sind, dann webt sich das zu einem Gesamtmosaik mit Weihnachtsbaum, bunten Kugeln, Kerzen, Geschwistern und Eltern. Ich sehe die Weihnachtsteller vor mir und die Plätzchen, die meine Mutter gebacken hat, mit Orangen, Feigen und was sonst noch so dazu gehört. (...) Aus dieser Vielzahl von Erinnerungen an Weihnachten ist mir ein Fest besonders nachhaltig im Gedächtnis geblieben: Das erste Weihnachten nach dem Krieg, 1945 in München! Und zwar deswegen, weil meine Gefühle auf der Schwelle zwischen dem letzten Kriegsjahr und der Nachkriegszeit außerordentlich zwiespältig waren. Auf der einen Seite habe ich natürlich eine große Erleichterung verspürt, daß dieser Krieg mit seinen ganzen Schrecken endlich vorbei war: die Luftangriffe, die Bombenangriffe, und ein Ausmaß an Verbrechen, wie man sich das überhaupt nicht hat vorstellen können. Was da alles passiert war, das habe ich in vollem Umfang ja erst erfahren, als ich aus der amerikanischen Kriegsgefangenschaft nach Hause kam.

Das sollte nun alles zur Vergangenheit gehören. Man konnte neu anfangen, sich wieder eine Existenz einrichten und sich freuen auf eine Zeit, die man sich noch gar nicht so richtig vorstellen konnte: ohne Krieg, ohne Verbrechen. Irgendwie haben wir alle gehofft und gefühlt: Es kann nur besser werden! Trotz der miesen äußeren Umstände, es gab ja kaum etwas zu essen, keine Kohle zum Heizen. Ein Glück immerhin: Die Wohnung meiner Familie in München stand noch, in der Ungererstraße in Schwabing waren zwar viele Häuser zerbombt, doch unseres hatte kaum etwas abbekom-

men. In dieser Drei-Zimmer-Wohnung haben wir damals zu fünft gewohnt: Meine Frau und unsere kleine Tochter, die im August '45 auf die Welt gekommen war, und meine Eltern. Dann kam noch meine Schwester mit ihrem Sohn dazu, mein Bruder ist im Krieg gefallen.

So drängelten wir uns zu siebt in dem einzigen beheizten Zimmer. Mehr Kohlen waren damals nicht aufzutreiben, und was man hat organisieren können, das wurde zu dieser besonderen Gelegenheit auch aufgeboten: Meine Mutter hatte irgendwo Kaffee aufgetrieben und Plätzchen gebacken. Für die Zutaten habe ich meine letzten Besitztümer und die meines Bruders vertauscht: Reitstiefel, Reithosen, Mäntel, was da halt noch so war.

Trotz der Trauer darüber, daß mein Bruder bei diesem ersten friedlichen Weihnachten nicht mehr dabeisein konnte und daß so viele Leute um das Leben gekommen waren – auch viele Freunde und Verwandte –, war es ein sehr schönes Fest. So habe ich es in Erinnerung. Trotz aller Misere, allem Bedrückenden, allem Belastenden war dies Weihnachten der Beginn einer Hoffnung, wie ich es so stark bei keinem Fest mehr erlebt habe, weder vorher noch hinterher.

Aber es gab auch diese Scham über das, was geschehen war. Das war der Zwiespalt, in dem ich und wohl auch viele andere damals lebten. Die Schuldgefühle, das Entsetzen darüber, was alles von uns angerichtet worden ist, wofür man sich als junger Mensch, als völlig blöder, manipulierter junger Mensch zur Verfügung gestellt hatte. Soldat bin ich mit 18 Jahren geworden, freiwillig natürlich, weil ich dachte, das muß so sein, wie alle meine Mitschüler und meine Jugendfreunde aus meinem Viertel und dem Jungvolk der Hitler-Jugend. Wir haben damals alle geglaubt, wir müßten unser Vaterland verteidigen, weil es von Feinden umstellt sei. So ist es uns in der Schule ja auch immer erzählt worden. Das können die jungen Leute der Nachkriegsgeneration wahrscheinlich gar nicht mehr nachvollziehen. Auch mein Sohn konnte es nicht begreifen, daß die Jugendlichen vom Faschismus im Dritten Reich so verhetzt, so einseitig beeinflußt und von jeder anderslautenden Meinung abgeschnitten werden konnten.

Zynisch bin ich damals eigentlich nicht geworden, nur wahnsinnig enttäuscht, daß wir so mißbraucht worden sind und tatsächlich einer Verbrecherclique gedient haben. Als im Gefangenenlager die Bilder von den Konzentrationslagern gezeigt wurden, hat man es erst gar nicht glauben wollen. Irgendwelche älteren Kameraden haben dann gleich gesagt: Das ist doch alles Dresden, was die da fotografiert haben, die Leichen von den Bombenangriffen! Doch allmählich hat sich das eigene Denken durchgesetzt, man konnte die Wahrheit nicht mehr verdrängen. Ich bin damals in eine tiefe Depression gestürzt. Das war im Sommer 1945, und Weihnachten war das natürlich immer noch nicht ganz überstanden.

Am 26. März 1923 kommt Gert Bastian als jüngster Sohn eines Deutsch-Brasilianers und einer Deutschen in München zur Welt. Sein Großvater war nach Brasilien ausgewandert, hatte Geld gemacht und es wieder verloren. »Der Vater stand unter ihrem Pantoffel«, erinnert sich Ehefrau Lotte an seine Eltern. »Sie war eine sehr harte, sehr strenge Frau. Und sie war, offen gesagt, eine Nazisse, ganz linientreu. Als Gerts Bruder fiel, fehlte in der Todesanzeige nicht mehr viel zum ›In stolzer Trauer‹ ... Eines Tages habe ich entdeckt, daß sie über mich eine Mängelliste führte: ›Sie stopft ihre Strümpfe nicht schön, macht das und das falsch‹! Sie war eine schwierige Frau, aber für Gert war sie aufopfernd. Gert hatte eine sehr große Anhänglichkeit an diese Mutter. Er war ihr Liebling, ihr Augapfel. Die ganze Familie hatte so ein bißchen einen

Herrenmenschen-Spruz, so einen Hochmut; die dachten, sie seien was Besonderes. Gert hing eisern an ihr, eisern. Er hat immer ihre Partei vertreten. Ich glaube, er hatte letztendlich Angst vor ihr. Später, nach dem Tod ihres Mannes, kam noch das schlechte Gewissen hinzu.«
Vater Alberto G. Bastian (»Mein Schwiegervater war dem Gert sehr ähnlich«) promoviert um die Jahrhundertwende über die »Frühehe« und wird sodann Prokurist. Schwer vorstellbar, daß er sich bei seiner Frau die Kapriolen erlauben kann, die sich später sein Sohn gestatten wird.
Der jüngste Bastian ist ein glühender Hitlerjunge. Er ist 18, als er sich am 1. August 1941 freiwillig zum Kriegseinsatz meldet. Später wird er in Interviews sagen: »Wir waren ja Kinder-Soldaten, und mich schaudert heute, wenn ich daran denke, wie wir kurz darauf als Vorgesetzte auf andere Kinder losgelassen wurden. Ich war mit noch nicht 20 Jahren Leutnant, bin dreimal verwundet worden, in Rußland zweimal und an der Invasionsfront in Frankreich. Mein älterer Bruder ist gefallen. Und von den zehn Kameraden meiner ersten Fahnenjunkergruppe bin ich als einziger übriggeblieben. Trotzdem habe ich bis in den Zusammenbruch hinein fest an die Gerechtigkeit der deutschen Sache geglaubt.«
Gert Bastian bleibt nichts erspart. Er ist zunächst an der Ostfront, später in Südfrankreich und bei der Invasion der Amerikaner in der Normandie, ganz zum Schluß kommt er noch einmal in den Osten. Und er macht seine Sache gut. Mit 19 wird er Gruppenführer im Pionier-Bataillon 45, dann Zug- und Kompanieführer des Panzerpionierbataillons 86.
Was muß ein Hitler-Soldat tun, um Karriere zu machen? Er muß gehorchen, befehlen, morden. Als »Friedensgeneral« wird Bastian später immer wieder betonen, er habe »das

Glück gehabt«, nie zu Partisanenkämpfen oder Massenerschießungen abkommandiert worden zu sein: »Mein Glück und nicht mein Verdienst, möchte ich ausdrücklich sagen. Denn bei meiner damaligen blinden Überzeugung und bei meiner damaligen Einstellung – was angeordnet wird, ist richtig und muß sein – hätte ich genauso bei Kriegsverbrechen mitgemacht, wie andere es getan haben. Ich hätte mir eingeredet und eingebildet, daß diese verdammte schmutzige Arbeit halt getan werden muß für das Endziel einer vom Bolschewismus und vom Judentum befreiten Welt.«

Keine »Kriegsverbrechen« also. Aber ist nicht jeder Krieg – und erst recht dieser Krieg der Herrenmenschen gegen den Rest der Welt! – ein Verbrechen? Und gab es im Zweiten Weltkrieg überhaupt »anständige Soldaten«? Gab es hie »die gute Wehrmacht« und da »die schlechte SS«?

Wer sprengte Warschau bis auf die Grundmauern? Wer brandschatzte auf dem Rückzug die russischen Dörfer und vergewaltigte die französischen Frauen? Wie oft hat der junge Leutnant Bastian Vergewaltigungen zumindest nicht verhindert? Wie oft hat er die »Untermenschen« in den überfallenen Ländern verächtlich behandelt oder sogar mißhandelt? Wie oft hat er »den Feind« getötet? Denn das ist ja klar: Der tödliche Schuß für Petra Kelly war nicht der erste gezielte Todesschuß aus der Hand von Gert Bastian. – Hat die Pazifistin Gert Bastian eigentlich jemals gefragt, wie viele Menschen er schon getötet hatte?

Und was ist dem jungen Soldaten selber im Krieg passiert? Wie fast alle Männer seiner Generation schweigt er, als er aus dem Krieg zurückkommt. Seine fragende Frau fertigt er ab mit einem Schulterzucken und den Worten: »Ach ja, es war halt hart.« Seiner Tochter erzählt er Jahrzehnte später wie beiläufig, wie er einmal drei Tage und Nächte lang schwer verletzt und allein auf der Seite des Gegners herumirrte. Die schwere Verletzung in Frankreich überlebt er nur, weil er sich tot stellt. Er kommt mit dem letzten Zug aus Paris raus. In all diesen Jahren schreibt Gert Bastian regelmäßig seiner Familie in die Münchner Ungererstraße, Absender: Feldpostnummer 20106. Er selbst erhält bis Mitte 1944 von der Mutter 263 Briefe und vom Vater einen Brief. Seine Antworten von der Front lassen von dem Grauen, in dem der junge Soldat steckt, noch nicht einmal etwas ahnen. Er hat früh gelernt, harmlose Miene zum grausamen Spiel zu machen. Selbst als sein Bruder Ruy fällt, bleibt er gefaßt. Am 7. 12. 1943 schreibt Kompanieführer Bastian in seinem Brief Nr. 9 nach Hause:

Liebe Eltern! Heute wieder ein paar Zeilen. Neues gibt's ja nicht, ausser Ärger wenn es nicht so weitergeht wie man will. Wir fuhren über Krakau, Lemberg, Schmerinka, Kasatin. Dort standen wir 5 Tage, dann ging's nach Bobrinskaia und zwar über Christianowka, dann über Now. Ukrainka nach Lirowograd, wo wir jetzt sind. Nun müssen wir nach Polginzewo und zwar über Nikolajenska. Da haben wir noch so 8 Tage vor uns wenn alles glatt geht. Auf dem letzten Bahnhof gestern abend stahlen der Adjutant und ich dem Zahlmeister der Verpflegungsstelle eine Flasche sehr guten Kümmellikörs. Als wir dann in ziemlich lustiger Stimmung über die Gleise zu unserem Zug schwankten, liefen wir zufällig auf einen Haufen Kartoffeln, die auf's Verladen warteten. Da eine Kiste griffbereit daneben stand, packten wir sie gleich voll, so ungefähr 1/4 Ztr. und schleppten sie in unseren Wagen. Dann schickten wir die Ordonnanzen nochmals los, die wieder eine Kiste voll brachten. Da haben wir jetzt eine angenehme Zugabe zur Verpflegung. Denn wir kriegen ja immer nur kalt und das hängt einem zum Hals raus. So steht nun auch schon eine Hälfte einer alten Benzintonne auf dem Ofen als Kochtopf, in dem wir in Zukunft unsere Kartoffeln kochen werden. Heute Vormittag waren wir in der Stadt. Sie macht einen wesentlich besseren Eindruck, als die Städte, die ich im Mittelabschnitt sah! Natürlich ist sie mit unseren nicht zu vergleichen. Keine Straße ohne fusshohen Dreck. Wir gingen dann in ein kleines Restaurant für Offiziere, dort war es sehr nett. Gedeckte Tische, Radio, Zeitungen. Wir bekamen für 40,- ein gutes Frühstück mit Kaffee, Brot mit Käse und Marmelade. Das war eine angenehme Abwechslung. Nun sitzen wir wieder im Zug und warten, bis die Lok kommt und wir abfahren können. Das Wetter ist augenblicklich sehr schön und warm. Man könnte direkt sonnenbaden. Habt ihr Nikolaus gut überstanden? Ich bin ja auf Eure 1. Briefe gespannt. Was es bei Euch alles Neues gibt. Was schreibt denn der Rüdiger? Bin ja gespannt, ob der in meiner Nähe liegt, sodass ich ihn besuchen kann. Briefpapier könnt ihr übrigens auch mal schicken, fällt mir ein. Hier kann man übrigens allerhand kaufen, allerdings zu unverschämten Preisen. 1 Pfund Butter 20.-, 1 Ei 1.40-2.-. Da mach' ich nicht mit. Nun lasst's Euch gut gehen und seid herzlichst gegrüsst! Von Eurem Gert.

Zu diesem Zeitpunkt ist Gert Bastian seit zweieinhalb Jahren im Krieg, mindestens eine seiner schweren Verwundungen hat er schon hinter sich, er hat viel Leid erlebt und noch mehr Leid angetan. Doch er drückt es weg, will überleben. Die Seinen zu Hause mag er schon gar nicht belasten mit den dunklen Seiten seiner Existenz. Da schreibt er lieber hübsche Schnurren – ganz wie am 1. Oktober 1992 an seine Frau Lotte.

Gert Bastian lernt Charlotte Baronin von Stipsicz 1942 auf einem Heimaturlaub im Zug von Tutzing nach München kennen. Es funkt sofort. Kurz vor Kriegsende heiraten die beiden, das erste Kind ist unterwegs. Sie ist Ungarin, und der deutsche Offizier braucht eine Sondergenehmigung für die Eheschließung mit der »Nicht-Arierin«. Die kommt tatsächlich noch, wenige Wochen vor dem Ende und per Telegramm direkt aus dem Führerhauptquartier. Lotte Bastian, noch heute kopfschüttelnd: »Daß die für so was noch Zeit hatten ...«

Die beiden sind 21 und heiraten am 8. März 1945 zeitgemäß in seinem Fronturlaub. Lotte Bastian erzählt gerne: »Wir sind nach München reingefahren. Da kam ein Fliegerangriff, und wir waren in einem Bunker in Pasing eingeschlossen. Das war wirklich Polterabend. Es hat gekracht und gepfiffen. Dann haben wir in der Rupertstraße geheiratet. Eine Kusine war Trauzeugin und hatte Blumen aus zweiter Hand mitgebracht, die hatten sich inzwischen total entblättert. Mit diesen zerfledderten Blumen sind wir dann im ›fliegenden Gauleiter‹ nach Hause gefahren, das war ein Zug, der Trümmer beseitigt hat. Es war ja sehr viel kaputt hier. Der Zug bestand aus offenen Loren, in denen man dann saß. Die Eltern haben ihre Lebensmittelmarken zusammengelegt, um einen Kuchen zu backen. Der Teig war aus Möhren und Kaffee-Ersatz, aus Magermilch wurde Sahne geschlagen. Und so haben wir dann toll gefeiert.«

Im Juni 45 kommt Gert Bastian aus dem Krieg zurück, nach sechs Wochen Gefangenschaft bei den Amerikanern. Die hatten den deutschen Offizieren die Haare geschoren und ihnen Fotos von Auschwitz gezeigt. Seine Frau erinnert sich: »Er war niedergeschlagen, als er zurückkam. Ein verlorener Spatz. Aber er hat nichts gesagt, hat gleich angefangen, sich um alles zu kümmern. Lebensmittel organisieren, ein Auto, Honig, den er gekauft hat und wieder verkauft ...« Ob er Alp-

Der glühende Hitlerjunge auf Fronturlaub

Der junge Vater mit Tochter Eva und Sohn Till

Gert Bastian mit seiner Mutter (das Gewehr im Hintergrund ist ein Wandschmuck im Wohnzimmer seiner Mutter).

Der Charmeur Bastian mit seiner ihm alles verzeihenden Frau Lotte.

träume hatte? »Nein, das hat er verdrängt.« Auf dem Rückzug hatte der Leutnant gehängte Deserteure gesehen und verkündete zur Überraschung Lottes: »Das geschieht denen ganz recht! Die sind abgehauen und haben uns hängen lassen.«
Als Ex-Nazi-Offizier darf Bastian in Bayern nicht studieren. Er macht eine Buchbinderlehre und geht sodann als Angestellter in eine Amtsstube. Nichts für ihn. Er arbeitet schneller als die anderen, spielt dann Schach und langweilt sich. Jahrelang teilt das junge Paar mit zwei kleinen Kindern eine Drei-Zimmer-Wohnung mit seinen Eltern. Die Konflikte zwischen den Generationen sind vorprogrammiert.
Die 50er Jahre in Westdeutschland, Zeit des Wiederaufbaus und Wirtschaftswunders. Und des »Fräuleinwunders« (so werden die hochbeinigen, blonden deutschen Mannequins im Ausland genannt). Die Deutschen sind wieder wer: Freßkörbe, Italienreisen und, ab 1956, eine eigene Bundeswehr. Diese Wiederaufrüstung Westdeutschlands ist heiß umstritten. Selbst die Hardliner schienen lange gegen eine Remilitarisierung von Ex-Nazi-Deutschland zu sein. So tönte noch 1946 sogar der spätere Beelzebub der deutschen Politik, CSU-Chef Franz Josef Strauß: »Wer noch einmal ein Gewehr in die Hand nehmen will, dem soll die Hand abfallen.« Gegen Adenauers Wiederaufrüstung formiert sich in den 50ern eine regelrechte Bewegung, zusammengesetzt aus Humanisten, Antifaschisten und Kommunisten. Die Wogen schlagen sehr hoch, und die Fronten sind so unversöhnlich wie 35 Jahre später die gegen oder für den Golfkrieg.
Doch die Entwicklung ist nicht aufzuhalten. Das in eine kommunistische und eine kapitalistische Hälfte geteilte Deutschland liegt an der Front des Kalten Krieges. Die Amerikaner erwarten von dem in den Westen integrierten West-

deutschland die Wiederbewaffnung bis zu den Zähnen und postieren Atomraketen, Destination Kreml. Deutschland wird zum Bollwerk. Von beiden Seiten. Eine Politik der Neutralität hat damals so wenig Chancen wie heute.
Das ist die Situation, in der der Ex-Nazi-Offizier Bastian wieder in die Armee eintritt. Gleich am ersten Tag als Oberstleutnant. Die »Scham über das, was geschehen war«, bremst ihn nicht – und auch nicht die Sorge, ein zweites Mal der falschen Sache zu dienen. Er macht in der Zeit des Kalten Krieges rasch Karriere. Lotte Bastian: »Er machte eben einfach immer alles hundertprozentig.« Sie vermutet, daß es weniger die glühende Überzeugung war, die Gert Bastian wieder in die Kaserne trieb, und eher das Wittern einer beruflichen Chance.
In der neuen deutschen Armee findet Hitlers Leutnant sich in vertrauter Gesellschaft. Die Bundeswehr baut auf »berufserfahrenen« Offizieren. Die überwältigende Mehrheit von Bastians Kameraden gehört zu den kalten Kriegern, die unter dem sogenannten »Stalin-Syndrom« leiden: Unter Hitler wollten sie den »Bolschewismus« vernichten, unter Adenauer und Eisenhower richten sie die Raketen erneut gegen den Kommunismus.
Als Soldat ist Bastian ein »echter Kerl«, als Vater ist er ein eher »unmännlicher Mann«. Tochter Eva: »Bei uns waren immer viele Leute. Es war immer fröhlich bei uns. Mein Vater hatte sehr viel Geduld, er nahm sich Zeit für uns. Er war sehr spontan und zärtlich. Er hat auch den Kinderwagen geschoben. Ihm war egal, was die Leute sagten.« In der Tat war es Ende der 40er und in den 50ern für einen deutschen Mann eine Ungeheuerlichkeit, einen Kinderwagen zu schieben.
Und auch als Ehemann ist er unwiderstehlich, zu unwider-

stehlich. Er ist ein notorischer Don Juan. Schon als seine Frau noch mit dem ersten Kind schwanger ist, hat er ein Verhältnis. Warum sie das hingenommen hat? »Am Anfang hab' ich's nicht gemerkt, weil er immer nett zu mir war. Und dann ... ach Gott, ich habe ihn sehr geliebt, ganz einfach. Ich hatte das bestimmte Gefühl, er hält letzten Endes zu mir. Erst in den letzten fünf Jahren dachte ich, daß das vielleicht auch mal anders sein könnte.« Hinzu kommt: Die ungarische Baronin gehört zu der Generation und Klasse, in der Frauen die männliche Doppelmoral noch widerspruchslos hinnahmen. Neu ist: Sie macht das Beste draus, stellt sich letztendlich auf die eigenen Füße.

Die gelassen und offen wirkende Lotte Bastian erinnert sich gern: »Wir hatten ein gutes Familienleben. Er hat viel mit den Kindern gespielt, war sehr lustig und humorvoll. Wir haben so ein kleines Häuschen in Tirol gemietet, da waren wir im Sommer immer oben auf der Alm und haben den ganzen Tag Robinson gespielt. Wenn die Kinder nicht mehr gehen konnten, hat er sie auf den Schultern getragen und gesungen. Wir waren eigentlich immer kreuzfidel.«

Er scheint alles zu verkörpern, was Frauen gern haben. Doch bei aller »Unmännlichkeit« behält er sich zwei klassisch männliche Trumpf-Asse vor: die Weiber und die Waffen. Obwohl Bastian Berufssoldat ist, ist er auch noch privat ein Waffennarr. Er hat immer mehrere Revolver und Pistolen, tauscht Waffen und abonniert die Waffen-Fachzeitschrift »Gun Digest« in den USA. Worauf der exzellente Schütze schießt? Auf Scheiben oder Luftballons. Schließlich haben wir Frieden. An allen Fronten.

Bei den Frauen sind ihm die Ehefrauen der Kameraden am liebsten. Das scheint ihm einen zusätzlichen Kick zu geben:

die Frauen seiner Männer ... Wenn die Männer im Manöver sind, liegt er mit ihren Frauen im Ehebett. Außerdem ist das eine sichere Sache: Diese schon wegen des ständigen Ortswechsels ihrer Männer meist zur Berufsuntätigkeit gezwungenen Soldatenfrauen haben Zeit, sind kontaktarm, langweilen sich und wollen auch nicht mehr als ein Abenteuer. Denn das steht ein Leben lang für ihn außer Frage: Gert Bastian liebt seine Frau Lotte, mit ihr will er »alt werden«. Bis zuletzt.

Inzwischen befehligt der Generalmajor 22.000 Soldaten. Nach unten ist er beliebt, nach oben gilt er als unbequem. Hitlers mit dem Eisernen Kreuz I. und II. Klasse dekorierter Held wird in den 60ern zum Anhänger der »inneren Führung«, also einer auf allen Ebenen demokratischen Armee. Diese ganzen »schwarzen und reaktionären Böcke in der Bundeswehr« öden ihn an.

In den 60er und 70er Jahren tut sich viel in der Welt- und Gesellschaftspolitik. Der Vietnam-Krieg wird weltweit zum Synonym eines menschenverachtenden Militarismus und Imperialismus. Eine antiautoritär gesinnte Jugend lehnt sich auf gegen die autoritären Väter. Die Frauen kündigen die Rolle des anderen, des minderen Geschlechts. So mancher Sohn und so manche Tochter will nicht in die Fußstapfen der Alten treten, weder an der Völker- noch an der Familienfront. Der neue Geist erreicht auch die kreuzfidelen Bastians. Tochter Eva geht ins Ausland, Sohn Till ist aktiv im SDS und wird ein politisch engagierter Arzt. Mutter Lotte ist das nur recht, der gebürtigen Ungarin war das deutsche Zack-Zack schon immer suspekt.

Und wo alles in Bewegung gerät, bleibt auch die Bundeswehr nicht ausgeschlossen. Brandts Ostpolitik wird in den Reihen der kalten Krieger heftig diskutiert. Und die Mitbestimmung soll nun sogar auf dem Kasernenhof gelten. Nicht länger vom Soldaten, vom »Bürger in Uniform« ist jetzt die Rede. Dennoch: Der Kommandeur der 12. Panzerdivision, Abschnitt Unterfranken, Standort Veithöchheim, langweilt sich. »Immer diese Manöver...«, stöhnt der General zu Hause, wo er die mausgraue Uniform immer rasch auszieht und ins lässiges Zivil schlüpft. »Eigentlich war er ein Abenteurer«, sagt seine Tochter Eva. »In einer anderen Zeit wäre er vielleicht Seeräuber geworden.«

Am 30. Juli 1978 spielt des Generals Heeresmusikkorps 12 auf dem Kreisschützenfest in Marbach den von Hitler so geliebten »Badenweiler Marsch«, vom Publikum einschlägig angefeuert. Bastian schreitet ein und verbietet seinen Soldaten solche Töne – was ihm zwei Tage später prompt eine Rüge in der Lokalpresse einträgt. Und er verbittet sich auch das Verteilen rechter Flugblätter in der Kaserne, in denen von der »Auschwitzlüge« die Rede ist (also behauptet wird, es seien gar keine Menschen vergast worden in den Konzentrationslagern). Womit er ebenfalls eher unangenehm auffällt.

Am 3. März 1979 veranstalten die Jungsozialisten in Bad Mergentheim eine Diskussion zu dem Thema: »Politische Bildung und soziale Lage der Soldaten«. Mit auf dem Podium: der redegewandte General. Im Laufe der Diskussion wird Bastian gefragt, was er denn von Wehners Kritik an der von Kanzler Schmidt forcierten Nachrüstung halte. Der parteilose General stimmt dem SPD-Strategen zu: Es sei keine kommunistische Offensive zu befürchten, die von Hitlerdeutschland traumatisierte Sowjetunion rüste sich in der Tat nur zu ihrer Verteidigung.

Jetzt geht es los. Innerhalb weniger Tage wird der General

zum »Fall Bastian«. Die SPD, die ja an der Regierung und darum für die Nachrüstung verantwortlich ist, ist enerviert. Die Konservativen sind es erst recht. Die Hetzjagd beginnt. Was so recht nach Bastians Geschmack scheint. Er geht in die Offensive. Im »stern« vom 5. April 1979 sagt der General: »Immerhin waren wir es ja, die Sowjetrußland mit Krieg überzogen haben. Was Wunder, daß die Sowjetunion daraus die Lehre gezogen hat, bei einem erneuten Überfall den Krieg keinesfalls wieder auf eigenem Boden zu lassen, sondern ihn sofort ins Land des Angreifers zu tragen.«

Die kalten Krieger trauen ihren Ohren nicht. Franz Josef Strauß tobt: »Dieser Kerl ist ein Sicherheitsrisiko!« und verlangt seine sofortige Absetzung. Die von der Kontroverse um die Nachrüstung zerrissene SPD schweigt verlegen. Und der »stern« kommentiert: »Der Wirbel um Bastian hat den schwelenden Konflikt innerhalb der Bundeswehr von neuem sichtbar werden lassen: die stumme Konfrontation zwischen ›Tauben‹ und ›Falken‹, zwischen ›Traditionalisten‹ und modern denkenden Truppenführern.«

Im Sommer 1979 erscheint das Buch »Mörder in Uniform«, zu dem Hitlers Ex-Leutnant ein selbstkritisches Vorwort verfaßt, in dem es unter anderem heißt: »Selten ist ausgesprochen worden, was doch jeder weiß, der in Hitlers Reich gelebt hat: Daß nur wenige reinen Herzens behaupten dürfen, sie hätten nicht auch zu den Mördern in Uniform zählen können, wenn Zufall oder Verblendung sie an die Fließbänder des Todes geführt hätte.«

Nun reicht's den ewig Gestrigen endgültig! Der »Bayernkurier« spricht von einem »geradezu unfaßbaren Dienst- und Disziplinarvergehen«. Und die CSU fordert: »Nehmen Sie Ihren Abschied, Herr General!« Am 12. Dezember 1979 verabschiedet die Nato die auf Drängen der Amerikaner von der SPD/FDP-Regierung (mit Schmidt als Kanzler und Genscher als Außenminister) beschlossene Nachrüstung und löst damit die »Friedensbewegung« aus. Der Nachrüstungsbeschluß, bei dem es um einen Overkill via Sowjetunion geht und der damit auch die Raketenbasis Deutschland verstärkt in Gefahr bringt, versetzt der einst von der SPD in Gang gesetzten Entspannungspolitik einen schweren Schlag. Am 16. Januar 1980 – kurz nach dem Einmarsch der Sowjetarmee in Afghanistan – schickt General Bastian dem SPD-Verteidigungsminister Apel schriftlich seine »schwerwiegenden Bedenken« gegen diese Entscheidung und bittet um seinen »vorzeitigen Abschied«.

Apel weigert sich, Bastian zu entlassen (»Wir brauchen keine Märtyrer mit Pensionsberechtigung«) und versetzt ihn zur Strafe zurück ans Heeresamt Köln, wo Bastian schon zwischen 1976 und 1978 gearbeitet hatte. Die Diskreditierungskampagne nimmt neue Formen an. Jetzt eröffnet »Bild« das Feuer, und andere ziehen nach: Aufgewärmt wird eines der zahllosen Verhältnisse des Weiberhelden, das mit der Frau des Oberleutnants H. aus dem Jahre 1976. H. war nicht nur ein Kollege von Bastian, sondern auch ein alter Freund, die Familien waren Nachbarn. Der in Fragen der Moral sehr lässige Bastian wehrt ab. Klarer Fall von Intrige der Heeresleitung, sagt er, und: »Hauptsache, meine Frau hat mir verziehen.« Und in der Tat, die hat. Mal wieder. Im Juni 80 wird der 57jährige rebellische General »vorzeitig pensioniert«.

Übrigens: Kurz nach seiner Austrittserklärung schrieb ich Gert Bastian und gratulierte ihm zu seiner Zivilcourage. Denn auch ich gehörte zu den entschiedenen GegnerInnen der Nachrüstung und formulierte, zusammen mit anderen

Feministinnen, im Herbst 1979 eines der ersten öffentlichen Protestschreiben an die Adresse der dafür verantwortlichen SPD.

Eines Tages rief Bastian mich an. Wir gingen mittags zusammen essen. Es muß einer der ersten Sonnentage des Jahres 1980 gewesen sein, denn ich weiß noch, daß wir auf der Terrasse des Kölner Dom-Hotels saßen, im Schatten des Doms. Zurück in der Redaktion war ich des Lobes voll: So kompetent, so kritisch und »wirklich reizend«!

* * *

Am 16. November 1980 erscheint der von ihm, laut Bastians Familie, zu Hause formulierte »Krefelder Appell«, dem sich Millionen anschließen werden: »Abrüstung ist wichtiger als Abschreckung« heißt es da. Und: »Der Atomtod bedroht uns alle – keine Atomraketen in Europa«. Der Appell, den auch westdeutsche Kommunisten mit initiieren, fordert die Bundesregierung auf, ihre Zustimmung zur Stationierung der Pershing-II-Raketen zurückzuziehen, damit Deutschland nicht die »nukleare Plattform« der USA wird. Über Nacht wird der Ex-General zum Helden der Friedensbewegung – und den Militaristen immer suspekter.

Für den FAZ-Militärexperten Weinstein ist der Friedensgeneral ein »Handlanger der Drahtzieher Moskaus«, der »schon lange innerlich mit den Kommunisten sympathisiert«. Er setzt noch einen drauf: »Spesen rechnet die DKP außerdem ab.« Einige Tage später widerruft die FAZ den letzten Satz und bringt eine Gegendarstellung Bastians.

Ist die Unterstellung, der Intim-Kritiker der Nachrüstung handle im Auftrag Moskaus, nur eine Diffamation seiner politischen Gegner? Das liegt nahe. Oder ist nicht vielleicht doch etwas daran, ist der Abenteurer Bastian etwa erpreßbar geworden? Ist vielleicht eine seiner Affären so weit gegangen, daß noch nicht einmal seine Frau mehr mitgespielt hätte, wenn sie es erfahren hätte? Und hat er sich darum unter Druck setzen lassen von fremden Mächten?

Lotte Bastian hält das für ausgeschlossen. »Wenn ich ganz ehrlich sein soll, hat sich bei ihm einiges vermengt. Er wollte schon lange weg von der Bundeswehr. Und er hat die Nachrüstung als sehr schädlich angesehen und vertrat den Standpunkt, das Ganze sei vollkommen unnötig – solche Summen auszugeben, um solche Popanze aufzubauen. Ich glaube, er hatte zur rechten Zeit die richtige Idee und hat sich abgesetzt. Er hat das dann wie immer gut gemacht, hundertprozentig, wie er eben war – aber die Motive waren sooo ernst nicht.« Sie lacht. Und wenn man ihn doch erpreßt hätte? »Das hätte ich gemerkt. Außerdem: Er war nicht der Typ, der sich erpressen ließ. Er wäre sofort in die Offensive gegangen.«

Soll denn die Sowjetunion, soll denn die DDR, soll denn Geheimdienst-Chef Markus Wolf auch später nie versucht haben, mit dem ihren Interessen in der Tat sehr entgegenkommenden General Kontakt aufzunehmen? Lotte Bastian: »Er war politisch total naiv in dieser Hinsicht. Die haben ihn schon bedrängt: Wo auch immer man war, war die DKP mit ihrem Herrn Mies dabei. Aber warum sollten die auch nicht dabeisein? Nach dem, wie die Kommunisten im Krieg behandelt worden waren, sehe ich das nicht ein. Aber eingeladen oder so haben sie ihn nicht. Ich glaube, Gert war für die wohl eher die Kategorie ›nützlicher Idiot‹.« – Nach außen wirkt Bastian anders. Er geht jetzt politisch in die Offensive. Er ist die Galionsfigur der Friedensbewegung, ein Held.

Als Gert Bastian am 1. November 1980 zum ersten Mal Petra

Kelly begegnet, ist er bekannter als sie. Die beiden sitzen zusammen auf einem Podium, bei dem es um die damals vieldiskutierte Frage »Frauen und Frieden« und »Frauen und Bundeswehr« geht. Kelly, eine strikte Gegnerin von Frauen in der Bundeswehr, greift den »alten Militaristen« scharf an. Lotte ist mit im Saal und erinnert sich gut. »Sie hat streitbar geklungen und den Gert ziemlich niedergemacht. Das hat, glaube ich, bei ihm so einen sportlichen Ehrgeiz geweckt: Na, der werd' ich's zeigen, dieser Penthesilea. Daß aus der Penthesilea eines Tages ein Reh werden würde, das hat er natürlich nicht geahnt ...«
Auch Kelly-Freundin Erika Heinz ist dabei an diesem schicksalsschweren Allerheiligen. Auch sie erinnert sich genau: »Am meisten hat Petra sich damals darüber aufgeregt, daß der Gert gesagt hat: Frauen sind von Natur aus wehrungeeignet.«

DIE PAZIFISTIN

Wer war Petra Kelly?

»Petra Kelly ist eine Feministin, die nicht gegen Männer kämpft, sondern mit ihnen.« So sieht sie Helmuth Weiland, der 1983 ein TV-Porträt von ihr macht.

»Eine Masochistin? Eine Märtyrerin? Eine Missionarin? Oder einfach nur eine Einserkandidatin, besessen von krankhaftem Ehrgeiz?.« Das fragt sich die Schweizer »Weltwoche« 1983.

»Sie war ein unwahrscheinlich feiner, filigraner, sensibler Mensch«, schwärmt die beste Freundin Erika Heinz. – *»Sie war nicht von dieser Welt, sie hatte eine unglaubliche spirituelle Dimension«*, weiß Ex-Freund Lukas Beckmann. – *»Sie konnte auch verdammt hart sein und hatte durchaus Nehmerqualitäten«*, erinnert sich ein grüner Weggefährte.

Daß die Medien-Zitate von 1983 sind, ist kein Zufall. 1982/83 ist der Höhepunkt von Petra Kellys Polit-Karriere. Damals ist sie 36 Jahre alt und anders als die meisten.

Einige Jahre später schreibt sie für den Band »Meine Mutter. Ein deutsches Lesebuch« eine Hommage an ihre »Mutter« und gibt damit eine der zentralen Antworten auf die Frage nach der Wurzel ihrer besonderen Fähigkeiten. Die Antwort lautet: Petra Kelly ist als Kind nicht gedemütigt, sondern ernst genommen worden; und sie ist nicht das Kind von Eltern oder einer Mutter, sondern das einer Großmutter. In den Biographien von Rollenbrecherinnen – und als eine solche muß die selbstbewußt öffentlich agierende Kelly gesehen werden – taucht diese Großeltern-Konstellation übrigens auffallend häufig auf. Bei weiblichen Lebensläufen kommt zusätzlich die Unterbrechung der Mutter-Tochter-Linie zum Tragen: traditionelle »Weiblichkeit« wird nicht mehr so ungebrochen weitergegeben – was den undressierten kleinen Mädchen zu Kopf steigen kann: Sie meinen, die Welt stünde ihnen offen ...

Die Hommage an die »Omi Birle«, die die 40jährige für die damals 83jährige schreibt, trägt den Titel: »Eine öffentliche Liebeserklärung« – und ist es auch. Hier Auszüge:

Ich wurde gebeten, über meine Mutter zu schreiben, und ich hätte dies gerne getan. Doch liegt mir noch mehr daran, über meine jetzt dreiundachtzigjährige Omi, Kunigunde Birle, zu schreiben. Viele kennen sie als die »grüne Omi« oder als »Petras Omi«, denn wir sind schon sehr lange, die 40 Jahre meines Lebens hindurch, unzertrennlich. Sie war 42 Jahre ›alt‹, eine sehr junge Großmutter, die Mutter meiner Mutter, als ich 1947 in Günzburg auf die Welt kam. Und in diesen schweren Nachkriegsjahren, als sich meine Eltern scheiden ließen und meine Mutter ihr Leben neu zurechtzimmern mußte, da wurden meine Omi und ich unzertrennlich. Ja, wir wurden sehr früh so etwas wie Freundinnen, wie Schwestern, trotz des Altersunterschiedes, und waren doch zugleich auch Omi und Enkelin.

Die ersten zwölf Jahre meines Lebens habe ich mit meiner Omi im schwäbischen Günzburg verbracht, wo ich tagsüber die Klosterschule besuchte, das katholische Mädcheninternat der Englischen Fräulein. Omi war in diesen Jahren meine ganze Familie, meine wichtigste Verbündete im Kampf gegen starre Schulregeln, gegen Diskriminierungen und Demütigungen, die ich aushalten mußte, weil ich doch einer geschiedenen Ehe, noch dazu einer »Mischehe« mit protestantischem Vater, entstammte. Sie war aber auch meine gütige Trösterin, wenn sie während meiner langen Krankenhausaufenthalte in Ulm tage- und nächtelang an meinem Bett saß,

meine Hand hielt und mich streichelte, wenn mich Nierensteine und viele schlimme Koliken plagten.
Meine Omi, das war auch meine große Lehrmeisterin, die mich klug und bedachtsam mit den Realitäten des Lebens vertraut machte. Ich sehe es so oft vor mir, wie wir damals jeden Tag gemeinsam das Wichtigste aus der Tageszeitung lasen, das heißt, wie sie mir vorlas, bis ich auch selber lesen konnte, und wie wir einmal in der Woche unter dem warmen Licht der Wohnzimmerlampe durch den ›Spiegel‹ und den ›stern‹ blätterten, aufmerksam alles uns Wichtige beredend, wobei sie mir in ihren so einfachen, aber immer treffenden und oft scharfen Worten die Zusammenhänge erklärte. Versüßt im wahrsten Wortsinn wurden diese ›Lektionen‹ mit liebevoll geschälten Apfelstücken, Nüssen, Rosinen und kleinen Schokoladentäfelchen, die immer auf einem Teller bereitstanden.
Es waren wohl diese Lesestunden, die aus mir sehr bald eine richtige Bücherratte machten, die sich allzugern in eine Ecke verkroch, meist mit einem Buch, das aus dem Erwachsenenregal geschmuggelt worden war. Denn Mädchen-, Kinder- und Lausbubengeschichten interessierten mich kaum, um so mehr dafür Bücher über weite Reisen, über Geschichtliches und über Sterne. Auch Liebesgeschichten fand ich nicht schlecht.
Meine Omi, schon zwei Jahre Witwe und Angehörige der ›Trümmerfrauen‹-Generation, als ich 1947 geboren wurde, war und bleibt die erste, wichtigste Leitfigur in meinem Leben, für mein politisches und persönliches Engagement. Ich habe während meiner Kindheit in Günzburg erlebt, wie sie ›ihre Frau‹ stand für Tochter und Enkelin und wie sie den ›Dreifrauenhaushalt‹ und ihre Arbeit gemeistert hat.
Meine Omi, auf sie war und bin ich unheimlich stolz, und ich spürte schon damals in Günzburg, welche Achtung und welchen Respekt sie bei ihren Mitmenschen erntete. Resolut, sehr klar und lei-

denschaftlich, nie um den Brei herumredend, trotzdem viel Herzlichkeit und Wärme ausstrahlend, auch viel Würde und Charme, so hat sie sich für immer in mein Herz geprägt als schöne, großartige, bewundernswerte, mutige Frau. Als eine Frau, die nach dem Tod ihres Mannes am Ende des Zweiten Weltkrieges leicht wieder hätte heiraten oder einen Lebensgefährten hätte finden können, doch es vorzog, ihr Leben mit Tochter und Enkelin unabhängig zu leben, ohne Partner und ohne ›männlichen Schutz‹.
In all den Jahren in Günzburg bis zu dem Zeitpunkt, als ich schweren Herzens im Alter von zwölf Jahren mit meiner Mutter und meinem amerikanischen Stiefvater über den Atlantik flog, um in den USA zu leben und Englisch zu lernen, hat sich Omi für mich, meine Mutter und unser Wohlergehen regelrecht aufgeopfert, etwas, was sie heute zu Recht selbstkritisch und auch mit einigen feministischen Gedanken betrachtet.
Als ich dann ab 1960 bis 1970 in den USA lebte und mit achtzehn Jahren allein nach Washington, D.C., zog, um dort ein Universitätsstudium zu beginnen, war Omi wiederum mein Schutzpatron und meine Vertraute auf der anderen Seite des Ozeans. Ohne ihre Solidarität und finanzielle Unterstützung wäre das Studium für mich weit schwieriger, ja vielleicht unmöglich gewesen. Es war ja auch so schwer genug, da ich mit vielen Nebenjobs und Stipendien die hohen jährlichen Studiengebühren irgendwie zusammenbringen mußte. Omi unterstützte mich in dieser Zeit mit einem monatlichen Überraschungsscheck. Ich wußte damals freilich nicht, daß ihr das nur deshalb möglich war, weil sie in einer Kantine arbeitete und sich selbst so gut wie nichts gönnte. Ihr Haus in Günzburg hatte sie ja verkauft, um mit dem Geld meiner Mutter die Übersiedlung und den Neuanfang in den USA zu ermöglichen. (...)
1970 kehrte ich endgültig aus den USA nach Europa zurück, um zunächst in den Niederlanden mein Studium zu beenden und

dann dort zu arbeiten. Omi und ich, wir hatten uns wieder. Sie besuchte mich oft in Amsterdam und später in Brüssel, als der Beruf mich dorthin führte. Kein Umzug, nicht leicht zu bewerkstelligen mit meinem umfangreichen Archiv, bei dem sie mir nicht geholfen, keine neue Wohnung, bei deren Suche und Einrichtung sie mich nicht unterstützt hätte! Keine Reise zu weit, um nicht mit mir an den ersten Anti-Atom-Demonstrationen am Kaiserstuhl, in Irland, in Kalkar oder in Holland teilzunehmen. So wurde Omi für mich nie älter! Sie blieb in all den Jahren bis zum heutigen Tag meine Mitkämpferin und Helferin und politische Mitstreiterin, deren Mut und unendliche Kraft mir ebenso unentbehrlich waren wie ihr Gerechtigkeitssinn und ihr Gespür für soziale Härten und politische Unaufrichtigkeiten.
Ich hätte vielleicht gar nicht durchgehalten, wäre Omi nicht gewesen, bis heute mein ›Alter Ego‹, meine Seelenverwandte, meine immer verständnisvolle, aufopfernde und lebenskluge Freundin, die mir so unendlich viel bedeutet, mehr, als ich in Worten sagen kann, der ich mich mit jeder Faser meines Herzens in Liebe und Dankbarkeit verbunden fühle und fühlen werde, solange ich lebe.«
Am 29. November 1947 kommt Petra Lehmann in Günzburg zur Welt. Das Entscheidende an ihrer Beziehung zur Großmutter ist die Gleichberechtigung. Petra nimmt Omi ernst, und Omi nimmt Petra ernst – so ernst, daß sie vielleicht manchmal vergißt, daß ihre Petra trotzalledem noch ein Kind ist. Sie scheinen eher Schwestern denn Großmutter und Enkelin zu sein. Petra Kelly erinnert sich genau: »Ganz gleichwertig standen zwei Stühle am Tisch nebeneinander. Ich saß nie auf ihrem Schoß. Es war eine Gleichberechtigung. Sie hatte ihren Stuhl, ich saß im gleichen großen Stuhl neben ihr, und die Zeitung war in der Mitte. Ich hatte meinen Tee, sie hatte ihren Tee.«

Gleichzeitig gibt die noch so junge Großmutter, die dem Alter nach auch Petras Mutter hätte sein können, dem Kind Geborgenheit sowie die Sicherheit, geliebt zu werden – und wichtig zu sein.

Wenn die »Englischen Fräulein« auf der Nonnenschule um die Ecke der kleinen Petra eine schlechte Note geben, die Kunigunde Birle für unberechtigt hält (und sie hält im Zweifelsfalle alle schlechten Noten für ihren Liebling für ungerecht), dann kämpft sie wie eine Löwin. Wenn es sein muß, geht sie bis zur Mutter Oberin. Omi opfert sich wahrhaft auf für ihren Liebling – vielleicht zu sehr?

Die kleine Petra ist auf alle Fälle ein Mensch, dem anscheinend so leicht nichts passieren kann. Dennoch ist das Leben in dem stockkonservativen, stockkatholischen Günzburg mit seinen 18.000 Schwaben und Schwäbinnen nicht nur behaglich für sie. Hinter den Rüschengardinen der Spitzgiebelhäuser lauern auch hämische Blicke. Schließlich hat Mutter Margarete Lehmann, geborene Birle, ihre Petra mit 17 bekommen, war schwanger als sie heiratete, und das auch noch von einem Protestanten – was in den 50ern nicht nur im Schwabenland ein Sündenfall erster Ordnung ist.

Petras Vater wird von Anfang an in Omis Haus am Hofgartenweg 6 nur wenig gesichtet und verabschiedet sich eines Tages ohne Hinterlassung einer Adresse. Da ist Petra sechs Jahre alt. Später wird sie Neigung haben, den Vater zu idealisieren (»Er war quasi ein Künstler«) und sie sucht ihn auch einmal, vergeblich. Vermutlich aber war er ganz einfach ein Filou ohne ruhmreiche Vergangenheit und Zukunft. Im Zweiten Weltkrieg jedenfalls war Vater Lehmann »Frontberichterstatter«, das heißt, er faßte das Morden und Sterben an der Front in aufmunternde Duchhalteparolen.

Petras Mutter Margarete Lehmann, geborene Birle, lebt mit im Haus. Sie radelt Tag für Tag zum nächsten amerikanischen Stützpunkt, wo sie als Übersetzerin arbeitet. Dort trifft sie irgendwann ihren zweiten Ehemann, John Kelly, dessen Namen Petra später annehmen wird. Mutter Kelly scheint ihre Lektion gelernt zu haben; ihr zweiter Mann ist kein Draufgänger, sondern eher der Typ »gutmütiger Riese«.
Über Petra Kellys Omi wird der »stern« im Bundeswahlkampf 1982, also 30 Jahre später, schreiben: »Kunigunde Birle spielt für Petra Kelly das klassische Rollenfach der aufopfernden Politiker-Ehefrau. Die Omi ist Vertraute, beste Freundin, Auswein-Adresse und unbezahlte Sekretärin. Täglich archiviert sie für die Enkelin fünf Tageszeitungen. Sie bewältigt den Schrift- und Bankverkehr für die von Petra Kelly gegründete Kinderkrebshilfe. Und sie hat immer mal was von ihrer Rente abgezwackt, wenn die Petra pleite war.«
Kein Zweifel: Omis bedingungslose, selbstlose, adorierende Arbeit für Petra prägt deren Verständnis von Liebe nachhaltig. Sie wird ein Leben lang die Tendenz haben, von ihren Lieben totale Aufopferung und Akzeptanz zu erwarten. – Gleichzeitig gibt die energische Kriegerwitwe, die nie mehr heiratet, dem kleinen Mädchen die Botschaft mit: Sei als Frau selbständig, unabhängig und stark! Und in der Nonnenschule? Da wird von Petra Demut, Selbstaufgabe und Nächstenliebe erwartet, Schulmotto: »Wie die Zucht so die Frucht«. In der Klosterschule ist viel von Schuld, Leiden und Liebe die Rede – aber den Alltag prägen Intrigen und Haß. Und auf den Heiligenbildchen, die die besonders artigen, strebsamen kleinen Mädchen zur Belohnung erhalten, stehen Sätze wie: »Durch Leiden zur Herrlichkeit«.
Wie nur soll das kleine Mädchen das alles auf einen Nenner

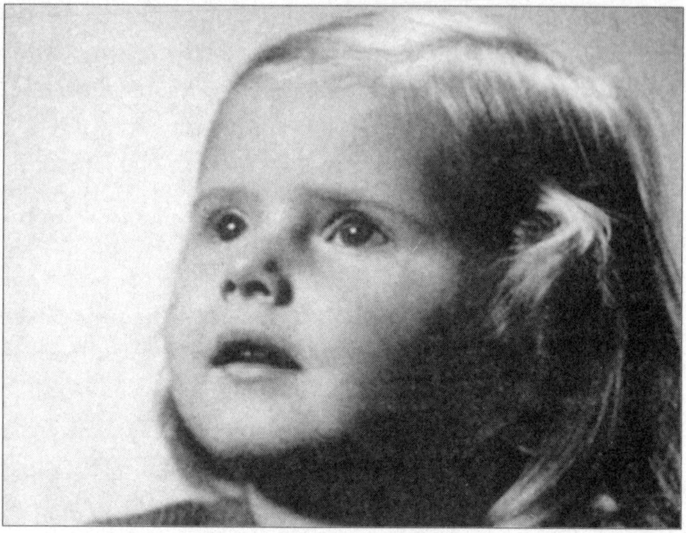

Petra Lehmann in Günzburg

Das »Fräuleinwunder« an der Uni

»Vote for a strong woman« lautete die Schlagzeile von Petra Kellys erster Wahlkampagne 1965 an der Universität.

»Letter power«. Petra Kelly erreicht für ihre todkranke Schwester eine Privataudienz beim Papst.

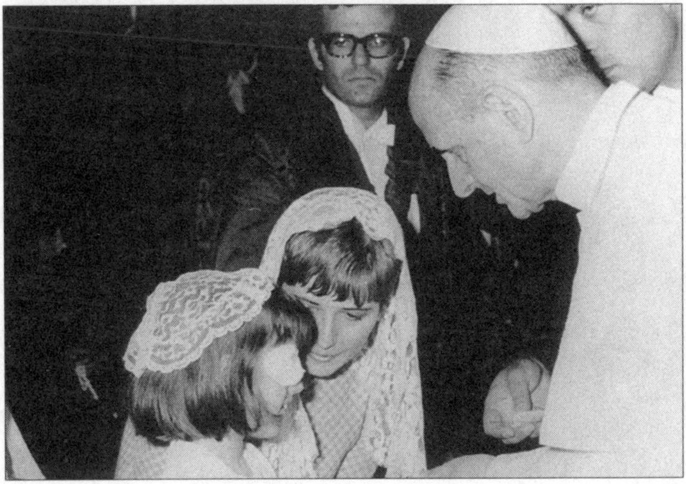

Die geliebte »Omi Birle« und Petra Kelly 1982.

bringen? Will sie immer wieder auf den Füßen landen, muß die aufgeweckte, hübsche Petra so manchen inneren Salto schlagen. Sie will beide Aufträge erfüllen, will später Nonne werden oder Bürgermeisterin. »Die Leute haben gedacht, ich bin total verrückt.« In der Tat: Andere Mädchen wollen Prinzessinnen werden, wie Brigitte Bardot aussehen oder einen Mann mit Porsche heiraten. Qualifizierte Berufe oder gar politische Karrieren sind für die kleinen Mädchen der 50er Jahre außerhalb ihres Horizonts. Die Trümmerfrauen, die im Krieg ihren »Mann gestanden« hatten, werden von den gedemütigten Heimkehrern ins Haus zurückgedrängt. Und deren Töchter sollen gar nicht erst mit den Flausen anfangen. – Doch Petra ist eine Außenseiterin. Gleichzeitig will sie es aber allen recht machen. Dieser sich widersprechende Grundzug wird in Günzburg gelegt.
Die zarte Petra ist schon früh kränkelnd – vielleicht auch bereits von der Großmutter überfordert? Sie hat Nierensteine, leidet an schweren Koliken und wird im Alter von acht Jahren zum ersten Mal operiert, mit neun ein zweites Mal. Sie lernt, daß man für Leid geliebt wird, und kompensiert körperliche Schwäche mit dem Kopf: in allen Fächern (außer dem Sport, von dem sie ausgeschlossen wird) ist sie in Günzburg die Beste – und bleibt es auch später bis zum Ende des Studiums. Petra Kelly ist noch als Erwachsene davon überzeugt, ihre Leistungsstärke habe viel mit ihrer körperlichen Schwäche zu tun. Auch scheint die eigentlich Starke zu glauben, daß sie vor allem für ihre Schwäche geliebt wird. Später werden Beschreibungen der Politikerin gerne mit deren demonstrativer »Schutzbedürftigkeit« und »Zartheit«, sowie ihren 1.59 Metern und 40 Kilo beginnen.
Nicht nur in Günzburg sind Seitenscheitel, Schleifen und

Schultüten zwingend. Kleine Mädchen haben Hosenverbot und müssen sich auch im härtesten Winter mit Leibchen und rutschenden Wollstrümpfen rumplagen. Petra gilt als artiges Mädchen, das gerne mit Puppen spielt. In der Nonnenschule fällt sie dennoch unangenehm auf durch Fragen wie: »Wo nahm denn Kain seine Frau her?« (schließlich gab es bis dahin laut Bibel nur Eva, die schon an Adam vergeben war). Trotzdem befindet ihre Klassenlehrerin Schwester Susanne rückblickend: »Sie war ein liebes Kind, ganz ohne Prahl.« Und Mutter Kelly erinnert sich: »Sie wollte als Kind immer alles wissen, immer Neues lernen und entdecken. Sie hat sehr viel gelesen und gefragt.«

Politisch ist es die Zeit der Restauration und des Kalten Krieges. Petra ist acht Jahre alt, als Leutnant Bastian sich bei der Bundeswehr wieder zur Stelle meldet. Damals protestiert nur eine penetrante Minderheit gegen Adenauers Wiederaufrüstung und die ins deutsche Haus stehenden Atomwaffen. In den gemeinsamen Lesestunden von Omi und Petra wird, bei aller Aufgeschlossenheit, mit dieser verpönten Anti-Atom-Bewegung nicht sympathisiert. Mutter Margarete heiratet in der Zeit ihren Berufssoldaten, ihre Tochter wird es ihr 25 Jahre später quasi gleich tun. Es fällt auch auf, daß Petra Kelly nach eigenen Worten erst beim Politik-Studium in Washington von den Verbrechen der Nazis erfuhr – und das, obwohl Günzburg die Heimatstadt von Mengele ist, der als KZ-Arzt mit seinen Menschenversuchen so triste Berühmtheit erlangte.

Als Petra elf ist, kommt ihre Halbschwester Grace zur Welt, ihr Stiefvater wird in die USA zurückversetzt. Die kleine Petra verläßt ihre (Groß)Mutter und zieht mit ins Land der unbeschränkten Möglichkeiten. Als Motiv gibt das Kind weder

Neugierde noch Abenteuerlust an, sondern seine »große Liebe« zu Baby Grace. Das macht selbst ihre ihr von Herzen zugetane Biographin Monika Sperr stutzig: »Inwieweit sie mit dieser leidenschaftlichen Zuneigung eventuell vorhandene Eifersuchtsgefühle kompensiert, bleibt eine offene Frage.« – Die Tendenz, nur von der edlen Seite ihrer Motive zu sprechen, wird sich bei der Erwachsenen verstärken.

Amerika im Jahre 1959. Sperr notiert: »Bei der Ankunft in New York herrschte Regenwetter, kalt und dunkel war es, und alles wirkte noch trostloser und schmutziger als bei Sonnenlicht. Fast das erste, was Petra Kelly zu sehen bekam, waren die Slums von Harlem. Wie konnten Menschen in diesem steingewordenen Alptraum leben? Sie sah in müde Gesichter, zum ersten Mal in schwarze, und fand, sie sähen elend aus.« – Nun, ganz davon abgesehen, daß die Soldaten-Tochter schon in Schwaben schwarze GIs gesehen haben muß, hat sie bei der Ankunft im New Yorker Hafen zwangsläufig erst einmal die Freiheitsstatue erblickt. Hat ihr Herz nicht wenigstens da einen Hüpfer gemacht?

Von New York aus geht es direkt in die Südstaaten, nach Columbus in West-Georgia, 150.000 Einwohner und tiefste Provinz. Die Kellys beziehen ein eigenes Häuschen, Petra bekommt ihr Zimmer, im Jahr darauf noch einen Halb-Bruder und nimmt den Namen Kelly an. Die Zwölfjährige verbringt ihre Zeit nicht etwa mit Mickey-Mouse-Heften und Elvis-Platten, sie liest und lernt. Sie ist es gewohnt, die Beste zu sein. Also paukt sie Tag und Nacht Englisch, lernt die Sprache binnen eines Jahres und ist wieder mit von der Partie.

Dennoch: Amerika muß für die kleine Schwäbin ein Kulturschock gewesen sein. Die von der Omi zu Selbstbewußtsein Angestachelte und von den Nonnen zur Demut Ermahnte trifft als weiblicher Mensch auch hier auf zwei sich widersprechende Botschaften: auf den »Weiblichkeitswahn« und auf die »männlichen« Gesetze des Kapitalismus von Leistung und Wettbewerb. Die Leistung ist der strebenden Schwäbin bereits vertraut, den Wettbewerb begreift sie schnell. Die Familiensaga kolportiert, daß der Rektor ihrer Schule die Mutter kommen ließ und riet: »Geben Sie Petra die beste Ausbildung, die Sie ihr ermöglichen können. Was immer das Mädchen später einmal tun wird, es wird Hervorragendes leisten.«

Und was den »Weiblichkeitswahn« angeht, der da fordert: echte Frauen bleiben im Haus, stillen ihre Kinder und verwöhnen ihren Mann – dem kommt Petra Kelly nur äußerlich nach, innerlich strebt sie nach Höherem. Sie ist kein Mädchen, sie ist etwas Besonderes. Und sie weiß es. Sie ist hübsch, erfolgreich und beliebt. Sperr: »Auf den Fotos aus den ersten drei, vier Jahren ihres Lebens in den USA sieht sie wie eine junge Dame der besseren Gesellschaft auf. Sie kleidete sich elegant, trug eng anliegende, gut geschnittene Kostüme – mal länger, mal kürzer, wie es das jeweilige Diktat der Mode gerade befahl. Zu Hause las sie die militärischen Fachzeitschriften des Stiefvaters und stritt sich des öfteren mit ihm über seinen Soldatenberuf.« Liest Vater Kelly etwa auch den in der Zeit auch von Gert Bastian abonnierten »Gun Digest«? Von 1963 bis 1964 dient John Kelly in Korea. Hat Petra den Stiefvater eigentlich jemals gefragt, wie oft er tötete?

Am 22. November 1963 wird John F. Kennedy ermordet. Die Tat schockiert die Welt. Die Weste dieses Polit-Helden, der von seinen Feinden wegen zu großer Fortschrittlichkeit erschossen wurde, ist allerdings so sauber nicht, wie seine Anhänger es glauben wollen. Kennedy war es, der verantwortlich ist für die Eskalation des Kalten Krieges in der »Schweinebucht-Krise« vor Kuba, die beinahe zu einem dritten Weltkrieg geführt hätte. Und Kennedy war es, der den Grundstein legt für das spätere Vietnam-Debakel. Doch Petra Kelly ist 16 und glaubt an diesen Helden, wie an viele danach. Wenig später wird sie sich glühend für den dann ebenfalls ermordeten Präsidentschaftskandidaten und Bruder Robert Kennedy engagieren.

1963, bei der Ankunft der kleinen Petra in Amerika, erscheint der »Weiblichkeitswahn« von Betty Friedan. Es ist, nach Simone de Beauvoirs 1949 erschienenen umfassenden Essay »Das andere Geschlecht«, das erste aktuelle Buch, das die zerstörerischen Folgen einer traditionellen weiblichen Existenz benennt und Frauen ermutigt, aus dem Haus heraus und hinein in die Welt zu gehen. Im März 1966 küren MitschülerInnen die 18jährige Petra an ihrer Schule zur Schülerin mit der »größten Aussicht auf Erfolg im Beruf wie im Leben«. Sie geht zum Studium der Politischen Wissenschaften nach Washington, in das Zentrum der Macht. Ihr Berufsziel: Diplomatin. Biographin Sperr: »Petra Kelly war jung, entdeckungsfreudig und ohne Angst: sie fand es aufregend, durch abenteuerlich anmutende Straßen und über exotische Märkte zu schlendern. Viel Zeit für diese Spaziergänge blieb ihr allerdings nicht, arbeitete sie doch mit der ihr eigenen Hingabe, ja Besessenheit.«

Wir schreiben das Jahr 1966, und in Amerika gehen die ersten Feministinnen auf die Straße: Women's lib (womens liberation: Frauenbefreiung) heißt das Phänomen, das in den 70ern die ganze westliche Welt erschüttern wird. Und schon jetzt beginnt Petra Kelly etwas, was sie später systematisieren wird: Sie ist geprägt von der Frauenbewegung, übernimmt ih-

re Symbole und Attitüden – tritt emanzipiert auf, fordert die Hälfte der Welt, greift das Patriarchat an – ohne jedoch jemals feministische Inhalte und Analysen wirklich in ihr Denken, Reden oder gar Leben aufzunehmen.
So kandidiert sie gleich im ersten Uni-Jahr im Namen der ausländischen Studenten für den Studentenrat. Sie führt den Wahlkampf unter dem Motto »Vote for a strong woman« und läßt sich für das Wahlplakat auf einem schweren Motorrad fotografieren. Ihre Kleidung aber – ein enges Minikleid mit Bubikragen und Perlonstrümpfen – signalisiert, daß sie dieses Motorrad nie fahren wird; als Frau nicht aus der Rolle fällt, sondern im Gegenteil: sie voll erfüllt. Die kokette Motorradfahrerin wird mit überwältigender Mehrheit gewählt. Da spielt es auch keine Rolle, daß Petra gar nicht Motorrad fahren kann (und nie in ihrem Leben einen Führerschein machen wird). Petra Kelly wird die Strategie beibehalten: Sie spielt feministische Kraft- oder Drohgebärden, bleibt aber dabei »ganz Frau«. Ein Feminismus zum Anstecken.
In dieser Zeit entwickelt das tüchtige german girl auch das, was später Kellys »letter power« genannt wird. Sie glaubt an die Veränderbarkeit dieser Welt durch Gesten einzelner. Sie ist von nichts und niemandem eingeschüchtert, setzt aber gleichzeitig auf die Großen dieser Welt. Wenn sie schreibt, dann immer gleich an die oberste Stelle (ganz wie Omi, die später in Sachen Menschenrechte auch gleich an Gorbatschow schreiben wird): An Robert Kennedy, um sich über die Benachteiligung der ausländischen Studenten bei der Stipendienvergabe zu beschweren. Die Deutsche bekommt ihr Stipendium, wird von Kennedy persönlich eingeladen und in der Folgezeit von Washingtons upper class auf Empfängen als »the Fräuleinwunder« herumgereicht. An den CDU-

Kanzler Kiesinger schreibt sie 1968, weil ihr 150 Dollar zum Weihnachtsbesuch ihrer inzwischen nach Deutschland zurückversetzten Familie und der todkranken Grace fehlen. Die Studentin bekommt ihre 150 Dollar und noch eine Bahnkarte von Frankfurt nach Günzburg dazu.

Schon 1966 habe sie, erzählt Petra Kelly ihrer Biographin, in einer Talkshow als Studentin den damaligen Vizepräsidenten Hubert Humphrey wegen seiner Vietnampolitik angegriffen. Zwei Jahre später wird die Jugend von Berkley bis Berlin auf die Barrikaden gehen: Vietnam, die Amerikaner im Bürgerkrieg an der Seite der kapitalistischen Südvietnamesen gegen den kommunistischen Vietcong, wird zum Symbol für einen mit Gewalt nach Weltherrschaft strebenden Imperialismus. Als Vater John Kelly 1969 zum Vietnamkrieg eingezogen werden soll, marschiert die 22jährige Petra ohne sein Wissen schnurstracks ins Pentagon und erreicht dort – mit Hinweis auf dessen todkranke Tochter Grace – tatsächlich seine Rückstellung.

Petras Halbschwester, ihr »Gracilein«, hat Krebs, ein Auge schon verloren und wird nun in Deutschland behandelt. Bei ihren Besuchen ist Petra Kelly erstmals persönlich mit der Unmenschlichkeit konfrontiert, mit der Apparate-Medizin. Beton und Verwaltung statt Fürsorge und Menschlichkeit. Und: Sie stößt auf Zusammenhänge zwischen Krebs und Bestrahlungstherapie. Petra Kellys erster Kontakt mit der Anti-Atom-Bewegung. Wäre das Leiden von Grace nicht gewesen, hätte »the Fräuleinwunder« wohl so erfolgreich weitergemacht, wie es angefangen hatte. Petra Kelly wäre heute vielleicht deutsche Botschafterin in Washington.

In späteren Jahren als alternative Politikerin entwickelt Petra Kelly eine gewisse Tendenz, ihren Lebensweg einschlägig zu faconieren, ihre Empörung über Imperialismus und Rassismus in den Vordergrund zu stellen. Tatsache aber ist, daß sie in diesen Jahren zwar aufgeweckt, aber doch eher auf der Seite des Establishments ist. Wenn Petra nicht gerade studiert oder organisiert, repräsentiert sie: die tüchtige, hübsche junge Frau mit Zukunft.

Als am 4. April 1968 der Schwarzenführer Martin Luther King, auf dessen Strategie der Gewaltlosigkeit sie sich später immer wieder berufen wird, ermordet wird, da ist Petra Kelly nicht etwa auf der Seite der Schwarzen, sondern auf der der Weißen zu finden. In der Nacht, in der die Ghettos in Washington brennen und die Schwarzen auf die Villen der Weißen zurücken, flüchtet sich die »outstanding woman of the year« (so ihr Uni-Titel) in das Haus des mit ihr befreundeten Ehepaars Rostow. Er ist Lyndon B. Johnsons Sonderbeauftragter für Sicherheit, hat in seiner Bibliothek eine direkte Leitung zum Präsidenten der Vereinigten Staaten und telefoniert in dieser Nacht und in Petras Hörweite mit dem US-Präsidenten. Eines der besprochenen Themen: welche Städte am nächsten Tag in Vietnam zu bombardieren sind.

Vor einem allerdings hütet sich die allseits beliebte und hübsche Petra: vor Männern. Ihre Kommilitonen sind nach eigener Aussage für sie eher »große Brüder«. Und Biographin Sperr weiß: »Vermutlich ist sie im ganzen Universitätsbereich das einzige Mädchen ohne Liebesaffäre.« Petras Leidenschaft ist die Politik. Und der Erfolg. Einziger Schatten: der Tod ihrer Schwester Grace. Noch zu deren Lebzeiten erfüllt Petra ihr einen Herzenswunsch – eine Audienz beim Papst für die ganze Familie Kelly. Letter power.

Am 21. Mai 1969 beendet Petra Kelly ihr Studium der Politikwissenschaften mit »B. A. cum laude«. In diesem Jahr erscheinen in Amerika die feministischen Klassiker »Sexus und Herrschaft« von Kate Millett und »SCUM – ein Manifest zur Vernichtung der Männer« von Valerie Solarnas. Die Amerikanerinnen sagen den Kampf an. Kelly geht nach Europa. Sie entscheidet sich zwischen mehreren Stipendien für Amsterdam. Jetzt hat sie nur noch ein paar hundert Kilometer zur geliebten Omi Birle, zu der der Kontakt nie abgerissen ist. Die legt ein neues Fotoalbum an, Überschrift: »Heimkehr – für immer«.

Während in Amsterdam die »Dollen Minnas« auf die Straße gehen, Männerklos stürmen und BHs verbrennen, arbeitet die junge Politologin am Europainstitut mit Erfolg zu dem Thema »Europäische Integration«. Für die Beantragung eines Forschungsstudiums bei der »Europäischen Gemeinschaft« in Brüssel gibt ihr holländischer Professor Buel Trowbridge ihr folgende Empfehlung mit auf den Weg: »Ich habe selten eine Studentin mit mehr Vorstellungskraft, Initiative, Sensibilität, Zivilcourage und unerschöpflicher Kraft für harte Arbeit gekannt. Sie ist voller Hingabe für die internationale Verständigung und ist auf diesem Gebiet bereits als eine hervorragende Führerin anerkannt. Für jede Institution, die sie beschäftigt, wird sie ein Gewinn sein.«

Petra Kelly erhält das EG-Stipendium und zieht nach Brüssel. Doch zuvor übernimmt sie noch eine lebenslange Patenschaft für das tibetanische Waisenmädchen Nima Chonzom: auf den Tag genau am 17. Februar 1971, dem ersten Todestag ihrer Schwester Grace.

* * *

Bisher hatte die begabte, tüchtige junge Frau gelernt und studiert. Jetzt soll sie zum ersten Mal einbringen, was sie kann.

Die EG-Praktikantin mietet sich ein kleines Appartement in der Avenue Crotenberght und macht sich auf den Weg in den Hauptsitz der EG. Hier, in dem mächtigen Glaskasten in der Rue de la Loi bekommt sie auf dem siebten Stock das Zimmer, besser: die Zelle 718 zugewiesen. Noch Jahre danach kann sie sich nur voller Bitterkeit über die Zeit in Brüssel äußern: »Das war eine Männerbastion, in der die Männer jeden Morgen mit von ihren Hausfrauen in der Vorstadt frisch gebügelten Hemden ins Büro kamen, und die Frauen als Sekretärinnen Kaffee kochten. Ich bin dort nur ausgebeutet und seelisch unterdrückt worden.«
Die Migräne ist die häufigste Frauenkrankheit in der EG. Gegessen wird in der Kantine, geparkt in der Tiefgarage, drumherum nur Steinwüste. Ein Männerort, ideal für Überfälle und Vergewaltigungen. Auch Petra Kelly wird zweimal überfallen und fast vergewaltigt, einmal im Aufzug und einmal auf dem Nachhauseweg. »Das hat sie«, weiß Freundin Erika Heinz, »tief traumatisiert«.
Bisher war Petra Kelly sich über die möglichen negativen Folgen ihres Frauseins nicht klar gewesen: sie war einfach »the Fräuleinwunder«. Jetzt aber sieht sie, wie die Welt bestellt ist: als eine Männerwelt, in der Männer das Sagen haben und Frauen den Mund halten. Hatte Omi Birle ihr nicht gesagt, die Welt stünde ihr offen? Und eine Frau brauche keinen Mann, sie könne alles allein? Aber wie soll sie hier ...? Petra Kelly klammert sich an die Arbeit, denn das Leben ist schwer zu ertragen. Sie ist einsam und isoliert.
In dieser Kälte der Brüsseler Männerwelt schlägt die junge Frau, die aufgebrochen war, die Welt zu erobern, erstmals den Weg ein, den sie bis zum bitteren Ende gehen wird: Sie sucht sich einen Freund und Beschützer. Und zwar nicht ir-

Die EG-Verwaltungsrätin Petra Kelly in Brüssel,
vor dem Hauptsitz der »Europäischen Gemeinschaft«, 1978.

Petra Kelly 1978 mit John Carroll. Sie ist 29, er ist 50 Jahre alt.

Petra Kelly mit Sicco Mansholt in New York. Sie ist 24, er ist 64 Jahre alt.

Petra Kelly in ihrer Brüsseler Wohnung mit ihrem Idol
Rosa Luxemburg (Sie unterzeichnete manchmal mit »Ros L.«).

Petra Kelly am Beginn ihrer grünen Karriere

Petra Kelly mit ihrer besten Freundin Erika Heinz.

Petra Kelly mit dem Weggefährten und Liebhaber Lukas Beckmann.

Gründungsmitglied Petra Kelly beim Aufbruch der Grünen.

gendeinen. Es wird immer, in jeder Etappe ihres Weges, der jeweils mächtigste und interessanteste Mann der Domäne sein, in der sie sich bewegt. Hier in Brüssel ist es der Chef der EG, Sicco Mansholt.

1971 – in dem Jahr, in dem die deutschen Frauen erstmals öffentlich sagen: »Ich habe abgetrieben und fordere das Recht dazu für jede Frau!« – in diesem Jahr beginnt die 24jährige Kelly eine Beziehung mit dem 40 Jahre älteren Mansholt, der, wie fast alle ihre Männer, verheiratet ist. Dieses Verhältnis hat viele Vorteile: Die junge Frau hat nun einen direkten Zugang zum Wissen, sie hat Verbindungen zum Zentrum der Macht, und sie ist geschützt vor den anderen.

Mansholt »gehört zu den Männern, die sie rückhaltlos bewundert« (Sperr). Während des Zweiten Weltkrieges war er der Chef der holländischen Widerstandsbewegung gewesen, und in seiner Zeit in der »Europäischen Wirtschaftsgemeinschaft« hatte er den Spitznamen »Mr. Agrarpolitik«. Er scheint die für Kelly so anziehende Mischung von Stärke und Fürsorglichkeit zu haben (ganz wie Omi Birle). Mitte der 70er geht die Beziehung mit Mansholt zu Ende, inzwischen ist die ehemalige Praktikantin eine EG-Verwaltungsrätin.

1975, im »Jahr der Frau«, beginnt Petra Kelly ein Verhältnis mit dem nächsten Helden. Es ist der 20 Jahre ältere John Carroll, auch er ist verheiratet. Der irische Gewerkschaftsführer ist in seinem Land ein berühmter Mann und in der europäischen Protestbewegung ein Idol. Kelly begleitet Carroll in den folgenden Jahren an alle Problemschauplätze der Welt. Im August 1978 fliegen sie nach Hiroshima. Die Begegnung mit den Opfern der ersten amerikanischen Atombombe beschäftigt Kelly lange, über eine dort gesehene Fotoausstellung

schreibt sie: »Versengtes Eisen, das verwundbar geworden ist wie Fleisch, Fetzen menschlicher Haut, Haarschöpfe, verkohlte Kinderschuhe«.
Im Sommer 1977 erlebt die Akademikerin an der Seite des Kämpfers in Melbourne ihr erstes »Die-In«: 60.000 Menschen liegen minutenlang wie tot auf der Straße. Die Polizei ist hilflos. Das prägt Kelly. Sperr: »Sie liebt Symbole, und dieses symbolische Sterben hält sie für wirkungsvoller als alle Abrüstungsgespräche und Konferenzen.« In der Tat wird Kelly später als grüne Politikerin vor allem mit symbolischen Aktionen von sich reden machen.
Die Beziehung zu Carroll reicht bis in die Anfänge der 80er Jahre und überschneidet sich mit Bastian. Doch als Petra Kelly Ende der 70er in Deutschland die Grünen mitgründet, beginnt sie auch Liebesbeziehungen mit den neuen alternativen Leadern, die diesmal gleich alt sind. Und auf dem Höhepunkt der Friedensbewegung und seines Ruhmes ist es dann der 24 Jahre ältere »Friedensgeneral« Bastian. Durch die Beziehung zu ihm wird die junge Pazifistin im Handstreich ins Zentrum eines militärischen Wissens katapultiert, von dem Frauen sonst noch nicht einmal etwas ahnen.
Nein, Petra Kelly verliert keine Zeit mit Privatleben, sie hat einfach kein Privatleben, keine »Freizeit«: Sie lebt ganzheitlich, trennt Liebe nicht von Politik und Arbeit. Ihre Gefährten müssen für Sexualität, Politik und Karriere gleichzeitig gut sein. Das erwartet sie.
Und dann ist da noch etwas – sie schafft es alleine nicht mehr. Seit Brüssel übersteht die Fighterin die Männerwelt nur noch mit einem starken Mann an ihrer Seite. Dabei propagiert sie öffentlich das Gegenteil. So behauptet sie noch 1988, als sie seit Jahren in einer Quasi-Ehe mit Bastian steckt, in

einem Interview: »Eine Ehe, die permanente Nähe eines Mannes würde mich ersticken. Ich bin oft und gerne allein: Freiheit ist für mich das Wichtigste.« Zu diesem Zeitpunkt aber ist Petra Kelly seit fünf Jahren nicht mehr alleine reisefähig, zermürbt von Ängsten und erklärtermaßen abhängig von Gert Bastian, bis hin zu ihren Worten: »Ich kann ohne dich nicht mehr leben.« Sie wird ohne ihn nicht mehr leben.

* * *

Liebte *und* haßte Petra Kelly diese Männer für ihre Abhängigkeit? Seit Mansholt zeichnet sich eine destruktive Grundstruktur bei ihr ab, die sich durch alle ihre Beziehungen zieht. Petra Kelly liebt Helden – und haßt sie dafür, daß sie Helden sind. Sie hat fast immer Beziehungen mit traditionellen Männern, die sie bewundert und die ihr in der gesellschaftlichen Wertschätzung überlegen oder, später, zumindest gleichwertig sind. Vermutlich kann sie – wie viele Frauen – Schwäche bei diesen Männern nur schwer ertragen, trägt aber selbst zu deren Schwächung bei. Sie stellt ihre Männer auf ein Piedestal und holt sie wieder runter, sie bewundert und verachtet sie zugleich.

Die Enkelin der fightenden Kriegerwitwe, die Schülerin der betenden Nonnen und die Elevin des Feminismus verehrt ihre Machos – und demütigt sie zugleich. Sie läßt den ergrauten Patriarchen Mansholt ihre Wäsche in die Reinigung bringen. Sie erwartet von dem vor Eifersucht rasenden Katholiken Carroll Toleranz für ihre Affären. Sie bringt auch ihre jungen grünen Liebhaber »ans Winseln«. Und sie macht aus dem General ihren Lakaien.

Ist Petra Kelly sich dieses Widerspruchs bewußt? Vermutlich nicht. Sie hat, ganz wie die Großmutter (»Ich komme ohne

Mann zurecht!«) Aggressionen gegen Männer, aber sie steht nicht dazu. Gleichzeitig sind diese starken Männer ihre Lehrmeister und Konkurrenten.

Wie viele Frauen versucht Kelly, ihre objektive Stärke durch eine betont schwache subjektive Inszenierung als Frau zu entschuldigen und zu verbrämen: sie betont die körperliche Fragilität und permanente Krankheit durch Kleinmädchen-Kleidung mit Rüschen, Noppen und Krägelchen. Ihre intellektuelle Power und ihre Aggressionen verbirgt sie hinter einer fast rituellen Friedfertigkeit.

Will sie hinter dieser permanenten Beschwörung der »Gewaltfreiheit« ihr eigenes Gewaltpotential verbergen oder das der anderen in Schach halten? Geht es ihr bei der Gewaltfreiheit nicht nur um das Abwenden der großen Kriege, sondern auch um das der kleinen Kriege, um ihre eigenen Aggressionen und die der Männer an ihrer Seite?

Eine starke Frau spielt die Schwache. Eine starke Frau geht mit starken Männern ins Bett und macht sich da für sie klein (fast alle Briefe und Zettel an Gert Bastian sind unterschrieben mit Formulierungen wie: »Dein armes kleines Petralein«). Eine Penthesilea spreizt das Gefieder der Friedenstaube. – Ab 1983 wird sich das langsam, aber unaufhaltsam drehen: Jetzt ist Petra Kelly die Schwache, die die Starke spielt. Sie ist die Abhängige, die die Unabhängigkeit propagiert. Und sie ist die Taube, die als Penthesilea auftritt.

* * *

Aber noch schreiben wir das Jahr 1980. Petra Kelly pendelt zwischen zwei Welten: zwischen der Männerwelt und ihrer Frauenwohnung in Brüssel einerseits und dem alternativen Aufbruch in Bonn andererseits. Stern-Reporterin Paula

Almqvist, die die bekannt werdende grüne Spitzenkandidatin 1982 in Brüssel besucht, schildert Kellys Vier-Zimmer-Wohnung in der Avenue des Nerview und enthüllt damit die kleinbürgerlichen Sehnsüchte einer Idealistin. Almqvist: »Tantragötter tummeln sich mit Hummelfiguren zwischen Gewebtem und Gedrechseltem, die Nofretete ist da und die betenden Hände. Auch Trachtenpüppchen, Tropfkerzen, Topfpflanzen, ein halbes Dutzend Harlekine und Muscheln und balinesische Marionetten. Seelen-Sperrmüll aus drei Jahrzehnten ist hier abgelagert. Auf freiem Sims und Sofatisch stehen gerahmte Familienfotos, selbst im Badezimmer. Es ist eine Wohnung, wie man sie sonst nur bei sehr alten Leuten findet: Heim und Höhle einer Besinnungssüchtigen, einer verhinderten Häuslichen. Bücherstapel ragen wie Stalagmiten vom Teppichboden auf, Schriften, Bildbände über alle Leiden und Ungerechtigkeiten dieser Welt, von Auschwitz und Hiroshima, bis Seveso und Harrisburg.«

Zehn Jahre später, nach Petras Tod, erinnert der grüne Ex-Abgeordnete Jo Müller an die politischen Meriten, die Petra Kelly damals erwarb, als sie sich von Brüssel nach Bonn aufmachte. Müller: »In den USA mediengeschult, hatte Petra Kelly zu Beginn der 80er ein neues Thema und einen neuen Politikstil in die Bundesrepublik eingeführt. Das Thema hieß Ökologie, der Stil hieß ›symbolische Politik‹. Von ihr konnte man die gewaltfreie, aber mediengerechte Blockade, das Selbstanketten am richtigen Ort zur richtigen Zeit, aber eben auch die Zivilcourage für den richtigen Zweck lernen. Sie war es, die den an Menschen und Mitteln völlig unterausgestatteten Grünen den Weg über die Fünf-Prozent-Klausel gewiesen hat.«

Das sagt Petra Kelly zu Lebzeiten niemand. Im Gegenteil:

Die basisorientierte Partei haßt aus dem Kollektiv hervorragende Individuen. »Gleichsein« heißt hier, ganz wie in der Frauenbewegung, nicht etwa, so stark sein wie möglich, sondern so schwach sein wie der/die Schwächste. Das kriegt auch die Einserkandidatin Kelly sehr schnell zu spüren. Es trifft sie überraschend – sie ist überhaupt nicht gefaßt darauf. Gefaßt scheint die Kosmopolitin auch nicht auf die deutsche Lage, die in der Zeit etwa so aussieht:

Es herrscht eine ganz ähnliche Parteienmüdigkeit wie heute. Unter der strammen Führung von Kanzler Schmidt hat die SPD/FDP-Regierung Frauen wie Linke gleichermaßen verprellt. Denn die hat nicht nur der Nachrüstung zugestimmt, sondern auch jeglichen Anspruch auf eine emanzipatorische Politik aufgegeben (obwohl gerade die SPD 1972 durch die Wahl der »fortschrittlichen Frauen« an die Macht gekommen war).

Auch die Frauenbewegung hat ein Tief. Das Rollback ist keineswegs eine Erfindung der frühen 90er Jahre, sondern es rollt schon Ende der 70er mit Wucht. Eines der Lieblingsthemen der Männermedien sind Frauen, die sich nicht einig sind oder gar spinnefeind. Nicht Sisterhood, Weiberzank heißt die Parole! Weite Teile der Frauenszene sind in der Tat zerrieben von inneren Konflikten, befangen in einer Nabelschau und untergraben von der neuen Weiblichkeitsideologie: Frauen, so heißt es plötzlich nicht nur in der CDU, sondern auch in (pseudo)feministischen Kreisen, sind von Natur aus »besser« und »anders«. Die »neue Weiblichkeit« und die »neue Mütterlichkeit« machen Furore. Kern dieser frisch aufpolierten Differenzideologie ist eine vorgeblich natürliche »Friedfertigkeit der Frau«. Nach den harten 70er Jahren des Geschlechterfights gehen Frauen jetzt als »Friedensfrau-

en« auf die Straße, besingen ihre »ganz kleinen Schritte« und reichen Petitionen bei der UNO ein.
In dieser Situation kommt der grüne »Friedensengel« Petra Kelly gerade recht. Durchschaut sie das Manöver einer Befriedung der Frauen durch diese Art von Friedenspolitik, die ursprünglich von Männerparteien lanciert und idealistisch von Frauen an der Basis aufgegriffen wurde? Vermutlich nicht. Sozialdemokraten, Sozialisten wie Kommunisten haben eine lange Praxis im Funktionalisieren ihrer Genossinnen. Jetzt setzen sie sie gezielt als Friedenstauben gegen die hochrüstende Weltmacht Amerika ein und – setzen sie damit gleichzeitig schachmatt in Sachen Emanzipation. Zwei Fliegen mit einer Klappe. Petra Kelly macht mit dabei.
Rasch erkennen auch die Sozialdemokraten, die sich mit dem Nachrüstungsbeschluß und einer reaktionären Frauenpolitik (»Wahlfreiheit zwischen Beruf und Familie«) unbeliebt gemacht hatten, die Gunst der Stunde. Im Wahlkampf 1980 veröffentlicht die SPD eine aufschlußreiche Anzeige in einem Wahl-Sonderband von EMMA. Darin schreibt Egon Bahr an die »lieben EMMA-Leserinnen«: »Eines ist wichtiger als das Bemühen der Gleichberechtigung der Frauen näherzukommen: das ist die Erhaltung des Friedens.«
Und noch jemand ist beunruhigt über die im März 1980 erscheinende EMMA-Streitschrift »Wahlboykott? Haben Frauen noch die Wahl?«: Petra Kelly, die landesweite Listenführerin der Grünen. Denn sie verkörpert nicht nur den Kampf gegen das Elend und den Krieg in der Welt, sie verkörpert auch ein Stück Emanzipation. Kelly ist die erste alternative Politikerin, die fordernd auf die öffentliche Bühne tritt, die wortgewandt ist und sachkundig. Sie hat die Mobilisierbarkeit der politikmüden Frauen für die grüne Sache erkannt

– und die Bedeutung der EMMA-Kritik. In ihrem 1980 eingeführten »Frauenrundbrief« ruft sie in jeder Ausgabe zur kritischen Reaktion auf den feministischen Sonderband auf, den sie für eine Gefahr für ihre Partei hält.

In der Tat kritisiert EMMA in diesem Sonderband nicht nur die von der SPD vielstrapazierte Strategie des »kleinen Übels« (immer noch besser uns wählen, als Strauß), sondern auch die grüne Saga von der Mutter Erde und dem ihr mystisch verbundenen Weib. Grüne Frauen verkünden in der Zeit Sprüche wie: »Wir sind Frauen, die sich zu ihrem Anderssein bekennen« (Delphine Brox). Grüne Männer lassen die Frauen mal wieder Kaffee kochen und Flugblätter tippen. Und der § 218 ist in der Zeit einer grünen Mehrheit kein Ärgernis, sondern willkommen: die Naturbewegten diskutieren über den »Beginn des Lebens« und erklären die feministische Kernfrage nach der Abtreibungsfreiheit 1980 zu einer persönlichen Frage mit »freier Gewissensentscheidung der Mitglieder«.

Vor allem aber setzen die Grünen sich an die Spitze des Kampfes gegen weitere amerikanische Atomraketen in Deutschland und damit auch der sogenannten »Friedensfrauen-Bewegung«, voran Petra Kelly. Beides tun die Grünen spektakulär und medienwirksam. Sie problematisieren jedoch nicht die Gefahren einer erneuten Propagierung einer naturgegebenen »weiblichen Friedfertigkeit« (ganz wie bei den Nazis). Im Gegenteil: Die Grünen schaffen einen Nährboden, auf dem in guter alter Art der Biologismus nur so wuchert. Da sind die Frauen wieder stolz aufs Stricken und Gebären. Und da triumphiert zum Beispiel die Petra Kelly besonders eng verbundene grüne Fraugruppe Calw: »Wir Frauen fühlen uns aufgrund unserer biologischen Rolle ganz besonders dem Frieden verpflichtet.«

Die Konfrontation zwischen dem radikalen, also antibiologistischen Feminismus und diesem neuen Biologismus ist unvermeidlich. Weite Teile der Frauenbewegung kippen in die neue Frauenfriedensseeligkeit, eine Minderheit analysiert scharf die Entwicklung: Hier geht es weniger um den Frieden in der Welt und eher um die Befriedung der Frauen im Haus.
Spitzenkandidatin Petra Kelly, die auf widersprüchliche Art die Friedensfrau an sich verkörpert, gleichzeitig aber den Männern ihren Platz streitig macht, versucht den feministischen Unmut aufzufangen. Sie startet eine grüne Wiederauflage des frühen Feminismus und gründet den grünen »Frauenrundbrief«, der ganz im Liebe-Schwestern-Ton gehalten und mit dem Frauenzeichen ♀ verziert ist. Allerdings übernimmt Kelly auch jetzt nur die für den Feminismus charakteristischen Symbole und Slogans, ignoriert aber die Inhalte. Sie stellt weder die Machtfrage zwischen den Geschlechtern, noch verliert sie ein kritisches Wort über Themen wie Sexualgewalt, Liebesideologie oder Weiblichkeitskritik.
Bezeichnend für diese frühe Strategie ist ihr »Frauenrundbrief Nr. 5« vom Juli 1980. Darin schlägt Petra Kelly den »lieben Schwestern« einen Antwort-Band der grünen Frauen auf den EMMA-Sonderband »Wahlboykott?« vor, und listet die Themen auf, die ihrer Meinung nach darin vertreten sein sollten: »Frauen und Frieden/Frauen gegen Kriegsdienst (Antwort an Alice Schwarzer), Frauen und gewaltfreie Aktionen, Frauen und Gebärstreik, Frauen und Verhütung, Frauen in der Dritten Welt, Frauen und Kirche, Frauen und Institutionen und vieles mehr.« Aber was mehr?
Diese Ansammlung modischer Schlagworte unter Vermeidung der Benennung des Wesentlichen scheint charakteri-

stisch für viele Schriften der deutschamerikanischen Idealistin. Und da ist auch die Mystik nicht mehr weit. So schreibt Kelly über eines der zentralen Themen des Feminismus, über die Liebe, wenig später einen Text, der unübersehbar von der damals neu aufflammenden Mystik geprägt ist. Es heißt darin unter anderem:

»Wir müssen Liebe gemeinsam im Hier und Jetzt verwirklichen. Liebe – die mystische Dimension des Lebens, die die Welt der Geistlichkeit und der Geschlechtlichkeit vereint – wird in dieser Gesellschaft in eine mechanische Produktionswelt integriert: Liebe wird reduziert entweder auf Leistung oder auf Konsumartikel. Dort sind wir angekommen – die Menschen wollen ›haben‹, ohne die Bereitschaft zu ›geben‹ oder zu ›sein‹, auch im progressiven politischen Milieu stoße ich auf Barrieren, wenn ich über den religiösen Charakter der Liebe und über den erotischen Charakter echter Religiösität (Tantra-Yoga, Tao) spreche! Die innere Verwandtschaft von religiöser Mystik, seelischer Liebe und körperlicher Erotik beruht darauf, daß der wahre Eros seiner Natur nach die Ich-Schranken überwindet und somit zu einer mystisch-transzendentalen Erfahrung führt. Das Überpersönliche der Liebe wird von der Natur durch die Persönlichkeit eines einzelnen Menschen, den man/frau liebt, uns signalisiert.«

Die modische Autorin setzt zwar für »man« ein zeitgemäßes »man/frau«, aber ansonsten ignoriert sie das geschlechtsspezifische Verständnis von Frauen und Männern in der Liebe gänzlich und scheint sie von dem Unterschied zwischen den Geschlechtern herzlich wenig zu verstehen. Ein paar Jahre später wird Petra Kelly von dem Menschen getötet, den sie »liebte« und der sie »liebte«.

Ist die so belesene Petra Kelly ein Opfer der (zu) vielen Wörter und des (zu) eilfertigen Mitredens geworden? Kann die alternative Politikerin die Probleme nicht wirklich zu Ende denken, weil sie sonst die von ihr so angestrebte Gunst der Mächtigen verlieren würde?

Eines ist klar: Ausgerechnet sie glaubt an (fast) alles, was sie so zusammenliest – solange es nur aus den für jeweils passend gehaltenen Quellen kommt. Petra Kelly ist mit Haut und Haaren dem männlichen Prinzip verfallen. So zitiert sie in ihrem Kapitel über Liebe fast nur männliche Autoritäten, wahllos, von Adorno über Fromm bis Duhm. Frauen kommen bei ihr nur vor, soweit sie von den Männern ihrer Kreise akzeptiert sind: also Rosa Luxemburg oder Alexandra Kollontai oder Marx-Tochter Elenor. Ex-Freund Beckmann: »Die Petra nahm alles in sich auf und verkörperte es quasi. Sie war so eine Art Medium.«

1984 wird die Schriftstellerin Gisela Elsner im »Spiegel« über Sperrs Kelly-Biographie schreiben: »Das Wort Macht ist augenscheinlich ein Begriff, den die Sprecherin der Grünen nur mit Gut und Böse, aber nicht mit materiellen Interessen in Verbindung bringt. Möglicherweise ist der Erfolg Petra Kellys auf die Tatsache zurückzuführen, daß Hoffnung zwar beflügelt, aber zu nichts verpflichtet.« – So kann es sein, das ist vermutlich der Kern ihres Erfolgsgeheimnisses: Petra Kelly verkörpert zwar die Forderungen der Frauen und der Grünen mit Worten – aber sie unterwirft sich gleichzeitig mit Gesten und ihrer ganzen hilfsbedürftigen Erscheinung. Vor allem aber: sie greift die mächtigen Männer nie wirklich an.

Selbst erlebe ich das zum ersten Mal am 25. Juli 1980. Wir sind beide Gäste der österreichischen Talkshow »Club 2«, Thema: »Frauen und Militär«. Wir begegnen uns freundlich (und so wird das immer bleiben), aber bleiben kontrovers in den Inhalten. Ich vertrete die damals noch sehr unpopuläre Position einer zwar grundsätzlichen Kritik am Militarismus (als Mann wäre ich Kriegsdienstverweigerer), kritisiere jedoch gleichzeitig den Ausschluß von Frauen aus dem Militär im Namen der »Natur der Frau« und fordere ihren freiwilligen, uneingeschränkten Zugang, inklusive Ausbildung an der Waffe.

Petra Kelly geht nicht auf meine Argumente ein, sondern beharrt auf ihrem Standpunkt: Frauen und Waffen sind für sie eine Schreckensvision. Zumindest theoretisch. Sie trägt auch an diesem Abend eine weiße Rüschenbluse, die ihre Fragilität unterstreicht. Neben ihr sitzt ein stattlicher österreichischer Offizier, der im Laufe des Abends den Arm hinter ihr auf die Lehne legt. Es sieht so aus, als würde die zarte Pazifistin beschützt von dem wehrhaften Militaristen.

Einen der letzten Sätze von Petra in dieser Sendung habe ich bis heute nicht vergessen. Er lautete: »Ich kämpfe nicht gegen Waffen, ich kämpfe gegen Seelen.« – Und was ist, wenn der Gegner nicht nur eine Seele, sondern auch eine Derringer 38 hat?

Petra Kelly und Gert Bastian 1983 im Bundestag.

DIE BEZIEHUNG

Als die Pazifistin und der Ex-General sich am 1. November 1980 zum ersten Mal begegnen, da treffen nur scheinbar zwei Welten aufeinander. In Wahrheit aber ist Soldatentochter Kelly ein Leben lang an Männer gewöhnt, die ein eher gelassenes Verhältnis zu Waffen haben; und hat Ex-General Bastian vorwiegend mit Frauen zu tun gehabt, denen wie den meisten Frauen Waffen so fremd sind, daß sie sie noch nicht einmal bedienen können. Diese Frau und dieser Mann sind es also gewohnt, ihrem Gegenüber nah und fremd zugleich zu sein.

So ist es nicht weiter verwunderlich, daß sie sich zwar mit Worten fetzen, mit Blicken jedoch begehren. Lotte Bastian, die dabei ist, ohne ganz zu begreifen, erinnert sich gut: »Die Petra hat sich wahnsinnig stark gegeben und den Gert ziemlich niedergemacht, ›du alter Militarist‹ und so. Das hat ihn vermutlich angezogen: dieses Risikofreudige, Herausfordernde, fast Kühne, das sie gehabt hat.« Und Petra Kelly? Die wird auf den ersten Blick interessiert sein, denn er entspricht exakt ihrem Männerbild: stattlich, in sich ruhend, umstritten, aber anerkannt und offensiv.

Das Thema des Abends heißt »Frauen und Militär«. Die beiden sind sich einig: Frauen sollen nicht zum Militär und auf keinen Fall zur Waffe greifen. Kelly vertritt diese Position, weil sie, zumindest theoretisch, etwas gegen jede Art von Militär hat. Bastian vertritt sie, weil er Frauen ganz schlicht für »von Natur aus wehrungeeignet« hält ... Halt, so hat Kelly das nicht gemeint! »Phallokraten-Meinung!« faucht sie. Und nun geht es erst richtig los zwischen den beiden. – Schon zwei Wochen später folgt Petra Kelly der Einladung Bastians nach Krefeld ins Seidenweberhaus. Sie gehört dort mit zu den Erstunterzeichnern des vom »Friedensgeneral« entworfenen »Krefelder Appells« gegen Nachrüstung und Atomwaffen.

Beide sind in einer guten Phase ihres Lebens. Der 57jährige General hat seine Uniform ausgezogen und ist in die Rolle des Stars der aufbrechenden Friedensbewegung geschlüpft. Die 32jährige Spitzenkandidatin der Grünen hat zwar gerade die Bundestagswahlen 1980 verloren, ist aber dennoch guten Mutes. An ihre »grünen Freundinnen und Freunde« schreibt sie: »Wir sind Opfer der Strauß-Schmidt-Polarisierung wie auch der ungerechten Fernsehanstalten geworden. Doch sollten wir uns sehr selbstkritisch auch überlegen, wie wir unsere Wahlkampfaufklärung und Aktionen das nächste Mal besser und wirksamer darstellen können.« Es gibt also ein nächstes Mal für die beurlaubte EG-Verwaltungsrätin, ein nächstes Mal zwischen Wyhl und dem Erdinger Moos, zwischen Bonn und Brüssel.

Anzunehmen, daß Weiberheld Bastian und Heldenverehrerin Kelly keine Zeit verlieren. Am Anfang ist ihre Affäre noch heimlich, er ist verheiratet und sie fest liiert. Noch 1982 spricht sie in einem Interview von ihrem »Lebensgefährten John Carroll«. Der hat sich inzwischen übrigens von seiner Frau getrennt, in der Hoffnung, daß Kelly zu ihm nach Irland zieht. Gleichzeitig beginnt sie eine Beziehung mit dem grünen Weggefährten Lukas Beckmann, die bis Sommer 83 geht. Der Gleichaltrige ist seit 1979 ein Vertrauter, kennt ihre Probleme mit der Überforderung und den Zusammenbrüchen und scheint gelassener damit umzugehen als seine Vorgänger

und Nachfolger: »Man konnte der Petra durchaus sagen: Nein, wir reisen nicht mit fünf Koffern, zwei genügen.«
Ab 1981 sitzen der »Friedensgeneral« und der »Friedensengel« mindestens einmal in der Woche zusammen auf einem Podium, und sie beginnen, zusammen zu reisen. Noch ist der Anlaß immer ein politischer. Freundin Erika: »Gert war für sie der große Mann, der freie Mann, der Weltmann.« Bastian ist in dieser Zeit so in, daß der »Playboy« ihn Anfang 82 zum Interview bittet (was unter Männern als Ehre gilt). Der Ex-General zeigt bei diesem Interview Flagge und haut seine Ex-Kumpel ohne Skrupel in die Pfanne: »Die größte Gefahr sind Reagan, Haig und diese ganze Garnitur da drüben, die für mich unbegreiflich dummes Zeug daherreden. Die Amerikaner sind unberechenbar geworden. Diese Sprunghaftigkeit, mit der sie Entscheidungen treffen, und diese Unverblümtheit, mit der sie sich als Weltmacht Nummer 1 bezeichnen, sind wirklich verblüffend. Ich glaube, daß das Geltungsbedürfnis ist, Rechthaberei und die Unfähigkeit, einen Fehler zuzugeben. Bei einigen deutschen Politikern ist sicher auch ein ganz hervorstechender manischer Antikommunismus die Triebfeder für ihr Handeln.«
Petra Kelly ist seit den 80er Wahlen im Bundesvorstand der Grünen (zusammen mit Otto Schily und Marie-Luise Beck-Oberdorf) und Spitzenkandidatin bei den bayerischen Landtagswahlen am 10. Oktober 1982. Dieser Wahlkampf macht sie bekannt. Die Grünen sind im Kommen, und Petra Kelly ist nicht länger zu übersehen. Im Juni 1982 ist sie reif für ein »Spiegel«-Gespräch (eine für den weiblichen Menschen gemeinhin unerreichbare Weihe). In diesem Gespräch klagt sie über ihren durch das Rotationsprinzip erzwungenen Rücktritt aus dem Grünen-Vorstand:

»Ich will nicht verschweigen, daß da eine massive Angst unserer Männer mitspielt. Die fühlen sich durch eine Frau mit Kompetenz bedroht. Das erste Jahr bin ich richtig umworben worden: Petra, unsere Petra. Im zweiten Jahr spürte ich, daß ich immer bedrohlicher werde für gewisse machtlüsterne Herren, daß sie mich bekämpfen, aber auch besänftigen. Ich sollte mich für ein paar Monate zurückziehen, es schade meiner Gesundheit. Das ist immer das Argument gegen eine willensstarke Frau, wenn sie nichts anderes finden können.«
Und Kelly sagt auch: »Wir möchten dieses starre, sterile Parlament voller inkompetenter elitärer Männer im Pensionsalter eben auch gerne verändern – irgendwie und irgendwann und ein bißchen.«

Ein bißchen. Noch ist ihre Beziehung mit dem 25 Jahre älteren Bastian geheim, aber längst ist er mehr als ein flüchtiger Liebhaber. Kellys Vorstandsarbeit bei den aufstrebenden Grünen ist arbeitsaufwendig, aber ehrenamtlich, für den Bayern-Wahlkampf muß sie sich unbezahlten Urlaub nehmen. Schaut man sich nur ihren Wahlmonat September an, wird einem schier schwindelig. Da rast die Kandidatin an jedem Tag an einen anderen Ort: von Bayreuth nach München, nach Düsseldorf, nach Nijmwegen, nach Kalkar, nach Nürnberg, nach Heidenheim, zum Kaiserstuhl ... An 30 Tagen hat sie nur einen einzigen Tag frei, den 25. September. FREI! schreibt sie neben dieses Datum. – Das kann ja nicht gutgehen.

Schon im Februar 82 klagt Kelly ihren »lieben grünen Freundinnen und Freunden« in einer »persönlichen Erklärung« ihr Leid und bittet um Hilfe. Sie beschreibt auf drei Blatt ihren Alltag zwischen Brüsseler Behörde und Bonner Partei, wie sie abends noch die Vorstandspost nach Hause trägt und allein

beantwortet, wie sie telefoniert und organisiert, wie sie von Termin zu Termin hetzt und dafür ihre 24 Urlaubstage opfert. Mit einer Minderheit von Unzufriedenen vertritt Kelly offen die Auffassung, daß diese Art von »Feierabendpolitik« so nicht weitergehen kann. Die hochqualifizierte EG-Beamtin bittet für die Wahlzeit von April bis Oktober 82 um ein Existenzminimum von 2.000 DM monatlich, schließlich habe sie noch die Omi und ihr tibetanisches Pflegekind zu versorgen. »Warum werden in dieser Basisdemokratie die Berufstätigen bestraft?« fragt sie und klagt: »Basisdemokratie kann nicht heißen, daran kaputtzugehen.«
Heutzutage wäre das alles kein Problem mehr. Die Zeiten haben sich geändert. Aber damals ... Der Oberfundi und Ditfurth-Gefährte Manfred Zieran höhnt prompt etwas von einer »persönlichen Sekretärin«, die der Star jetzt wohl beanspruche. Doch das Almosen wird gewährt, Kelly kann in den Wahlkampf ziehen – doch unter welchen Umständen. Ihrer »lieben Erika« teilt sie auf einer hastigen Postkarte ihre Wahrheit mit: »Nach einer Hölle von Bundesvorstandssitzung bin ich jetzt am Ende meiner Seele. Zwei Tage voller Mißtrauen und Haß und brutales Unterstellen – ich gehe so innerlich kaputt (»kaputt« viermal unterstrichen)! Deine traurige Petra.«
Petra Kelly, die Symbolfigur der deutschen Grünen, ist zwar nach außen der Star der Bewegung, wird aber nach innen zermürbt. Das ist das Jahr, in dem zum ersten Mal ihre Ängste auftauchen, die sie später schier überwältigen werden. Bereits in einem Brief vom 9. Juli 1982 an Petras Freundin Erika erwähnt Gert Bastian die Flugangst: »Sie ist auf dem Weg nach Hamburg, hatte aber wieder Schwierigkeiten während des Fluges. Ich bin überzeugt, daß auch das nur eine Folge ihrer totalen Erschöpfung ist.«

Totale Erschöpfung. Eine Formulierung, die im Zusammenhang mit Petra Kelly immer häufiger auftauchen wird. Schon im Sommer 82 ist es so weit, daß sich Bastian vor seiner Abfahrt in den Familienurlaub nach Frankreich um eine Ferienwohnung im Allgäu für Petra und Omi kümmert und einfach alles bedenkt, bis hin zum Radio, das eine Freundin ihr bringen soll. Auch vertritt er die Auffassung, Kelly brauche ein »Petra-Büro in Bonn«: »Sie braucht so eine Entlastung und Betreuung, soll sie den Grünen und uns erhalten bleiben.« Und der General im Ruhestand setzt hinzu: »Ich beteilige mich gern an den Kosten.«

Und noch eine andere Angst taucht in dieser Zeit auf: Kellys Beklommenheit mit Bastian. Die ist diffus, nicht genau faßbar und vermutlich Kelly selber nicht ganz klar. 1982 schreibt sie der Freundin: »Gert war hier. Es wird immer schwieriger – diese Einheit von Seele, Geist und Körper.« Die Fremdheit zwischen beiden scheint groß zu sein, die Sexualität für Kelly eher bedrückend.

Erika Heinz: »Vor allem daß er immer so rumgeflirtet hat, hat Petra traurig gemacht. Er hat ja mit seinen Frauengeschichten auch noch geprahlt. Und es gab da auch Probleme in der Sexualität. Es ist einfach nicht so gelaufen, wie sie sich das vorgestellt hat, nicht feinfühlig eben. Sie hat Angst vor ihm bekommen ...« Hat die ehemalige Klosterschülerin grundsätzlich Angst vor Sexualität und kommt sie überhaupt klar mit ihrer Sexualität und der der Männer? Und wie muß es auf die so selbstbewußte Kelly wirken, daß ein Mann sich auch bei ihr mit seinen zahlreichen Affären so wenig feinfühlig brüstet? Es scheint an ihr zu nagen.

Schon bald erhält die diffuse Angst von Petra Kelly, die viele Gründe hat, einen Namen und einen für sie plausiblen, handfesten Grund: die EAP, Europäische Arbeiterpartei. Die Aktivisten dieser rechten Polit-Sekte verfolgen Kelly, wo sie geht und steht. Sie wird terrorisiert – und läßt sich terrorisieren. Auf Versammlungen antwortet sie den Fanatikern sogar noch auf die niedersten persönlichen Anwürfe, so lange, bis Omi oder Gert sie energisch wegziehen (einer von beiden ist immer dabei, in der Zeit oft auch beide auf einmal). Redet Petra in Zukunft von Angst, wird sie als Grund immer ganz einfach und ganz einleuchtend die sichtbar beklemmende Verfolgung durch die EAP angeben.

Petra Kelly kann nur schwer Distanz halten. Das geht ihr in Beziehungen so, in der Partei und beim Elend dieser Welt. In einem liebevoll-ironischen Nachruf in der »Hamburger Rundschau« erinnert sich ihr politischer Ex-Weggefährte Jo Müller an eine ihrer typischen Pressekonferenzen: »›Aber irgendwodran muß man doch sterben‹, seufzte leise Günter Bannas von der FAZ. Das war vor langer Zeit in Bonn auf einer Pressekonferenz von Petra Kelly. Sie hatte eine halbe Stunde über das Elend dieser Welt monologisiert: die Raketen, die Atomkraftwerke, den Hunger, Kinderkrebs und die Bundesregierung, Waldsterben und die SPD. Sie leidet öffentlich und nervte damit alle, die wußten, daß die Welt schlecht, das Leben risikoreich und deswegen individuelle Verdrängung überlebensnotwendig ist, wenn man nicht verzweifeln will. Sie weigerte sich zu verdrängen.« Sie weigert sich, das Leid dieser Erde zu verdrängen. Gleichzeitig aber ist sie eine Meisterin im Verdrängen ihrer eigenen Probleme.

Doch noch scheint alles möglich, wenn Petra Kelly auch längst zwischen allen Stühlen sitzt. Sie ist eine nicht immer einfache Persönlichkeit in einer basisorientierten Partei, die Wert darauf legt, daß alle so tun, als seien sie gleich. Sie redet von Emanzipation, aber kämpft mit »den Waffen einer Frau« (stern). Sie setzt auf die Frauen, aber wird auch von ihnen kritisiert (So klagt sie 1982 der taz: »In meinem Kreisverband wurde kritisiert, ich wüßte zu viel. Ich wäre wie ein Mann.«) Sie ist eine Frau, die sich auf starke Männer stützt, aber sie schwach machen will.

Auf dem Höhepunkt des Feminismus findet auch Kelly, die Zeit sei reif für den »Hausmann«. So erklärt sie 1982 in einem EMMA-Interview: »Ich meine, daß wir Frauen das Recht haben, unglaublich viel nachzuholen. Und daß das auf Kosten der Männer gehen wird. Der Unterdrücker muß lernen, zurückzustecken, und er wird es nur tun können, wenn wir dramatisieren, wenn wir vieles übertreiben, und uns auch wirklich verweigern. Ich gehe bis zum Liebesstreik.« – Doch wie so manches in ihrem Leben ist auch das eher Programm, aber nicht das Leben. Einige Monate nach dem überwältigenden grünen Wahlsieg am 6. März 1983 zieht Gert Bastian zu Petra Kelly in ihr Haus in der Swinemünder Straße 6. Noch mietet er gleichzeitig eine Wohnung in Bonn, anderthalb Jahre später wird er auch die aufgeben.

Unter den 28 Grünen im Bundestag sind zehn Frauen. Neben Kelly tauchen jetzt neue Namen auf. Eine Lehrerin aus Bochum namens Gabriele Potthast ist mit 27 Jahren die jüngste Abgeordnete im Bundestag. Und eine gewisse Waltraud Schoppe, heute Ministerin in Niedersachsen, provoziert nicht nur mit roten Haaren, sondern auch mit Sätzen wie diesem: »Wir leben in einer Gesellschaft, die Lebensverhältnisse normiert, was dazu geführt hat, daß sich Menschen abends hinlegen und vor dem Einschlafen eine Einheitsübung vollführen, wobei der Mann meist eine fahrlässige Penetration durchführt.« Schweigen. Dann: Hoho, wie bitte? »Jawohl, fahrlässig«, wiederholt Schoppe unerschüttert. Hinter ihr versucht Parlamentspräsident Barzel mühsam die Fassung zu wahren ...

Als Petra Kelly sich für ihre Jungfernrede im Parlament zu Wort meldet, bemerken alle, wie schmal und blaß sie ist. Sie redet über Vergewaltigung in der Ehe und fordert deren Bestrafung: »Die Würde von Ehefrauen ist antastbar. Und das ist sogar noch gesetzlich verankert!« Ein Jahr später putschen die grünen Frauen, und der gesamte Grünen-Vorstand besteht nur noch aus Frauen, sechs an der Zahl. Petra Kelly ist nicht dabei.

Trotz Friedensbewegung und Grünen ist das Gesamtklima in dieser Zeit eher rückschrittlich. Die 80er Jahre stehen in der Bundesrepublik im Zeichen der Stagnation. Es ist die Zeit der »neuen Innerlichkeit« und der schicken Äußerlichkeit. Der Aufbruch der späten 60er und 70er Jahre erstarrt in Attitüden, wird verwaltet und abgewirtschaftet. Die Kulturrevolutionen der Frauen und der 68er sind in tausend pragmatische Einzelinitiativen zerfallen, der Marsch durch die Institutionen ist angesagt. Sogenannte »Yuppies«, denen Markenkleidung wichtiger ist als Ideale, geben den Ton an. Und die Konservativen kommen, dank der Palastrevolution der liberalen FDP, die 1982 von der SPD zur CDU wechselt, an die Macht. Rassistische Witze machen schon damals, zehn Jahre vor Mölln, Furore (»Advent, Advent, ein Türke brennt«). Und sexistische Pornographie macht Kasse.

Das ist die Zeit, in der eine Petra Kelly versucht, sich mit männlichem Wissen und weiblichem Fühlen durchzuschlagen. Sie tut das zumindest innerhalb ihrer Partei ohne Opportunismus. Was sie von der »Feierabendpolitik« der Grünen hält, die nur Millionären, HalbtagsakademikerInnen

Petra Kelly 1982 auf einer Kundgebung gegen die Pershing-Stationierung in München.

ZU PFLUG

Petra Kelly und Gert Bastian: gemeinsam arbeiten, gemeinsam leben.

Uta Ranke-Heinemann, Petra Kelly, Gert Bastian und Kunigunde Birle auf einer Demonstration 1982 in München.

Petra Kelly und Gert Bastian bei der Sitzblockade in Mutlangen 1983. Im Hintergrund Heinrich Böll und seine Frau.

Petra Kelly mit Heinrich Böll.

Petra Kelly mit Willy Brandt.

Petra Kelly und Gert Bastian 1986 bei Honecker.

Petra Kelly und Gert Bastian mit »seiner Heiligkeit« Dalai Lama.

Petra Kelly und Josef Beuys.

und Ehefrauen das Politikmachen erlaubt, sagt sie undiplomatisch offen. Ebenso, was die Rotation taugt, ursprünglich gedacht, professionelle Verkrustung zu verhindern, de facto aber den Dilettantismus nährend. Offenheit und Persönlichkeit aber ist nicht angesagt in diesen Jahren des Basis-Opportunismus. Es schlägt die Stunde der Apparatschkis, der MagglerInnen und IntrigantInnen. Das geht den Grünen in den 80ern nicht anders als der Frauenbewegung in den 70ern.

Das Jahr 1983 ist hart für Petra Kelly, und die folgenden Jahre sind es nicht minder. »Es tut so weh«. Das ist der Satz, der immer öfter in ihren Briefen auftauchen wird. Sie kann einfach keinen Abstand halten. Nicht von den Angriffen auf ihre Person. Nicht von den Leiden dieser Welt. Und nicht von Bastian.

Ina Fuchs, Bastians Bundestags-Assistentin, erinnert sich nur zu gut an die erste Zeit in Bonn: »Immer, wenn Bastian freitags nach München fliegen wollte, gab es eine Krise. Es brach ihr der Schweiß aus, sie hatte es am Herzen, mit dem Kreislauf, fiel in Ohnmacht ... Unmöglich, sich dem zu entziehen. Man hatte wirklich physische Angst um sie. Einmal hatte er deswegen eine heftige Auseinandersetzung mit ihr und saß danach an seinem Schreibtisch. Den Anblick werde ich nie vergessen: die Hände verkrampft, die Knöchel weiß vor Anstrengung, sich zu beherrschen. Eigentlich wollte er zuschlagen. Ein Mensch, der in diesem Moment Lust hatte, zu töten.«

Auch eine Kelly-Mitarbeiterin erinnert sich: »Wir waren alle ein bißchen hysterisch in der Zeit und arbeiteten wie die Wahnsinnigen, 12 bis 16 Stunden am Tag war normal, auch am Wochenende. Petra war sehr anspruchsvoll, sie belegte uns Mitarbeiter ganz mit Beschlag. Sie kannte einfach keine

Grenzen. Man hatte ihr und ihrer Sache ganz zur Verfügung zu stehen.«

Einer steht ihr rund um die Uhr zur Verfügung und wird von ihr auch mit jedem Atemzug mit Beschlag belegt: Gert Bastian. Dennoch scheint es nie genug. Es gibt einen Hunger bei Kelly nach Vereinnahmung der anderen, der nie gestillt zu werden scheint und den man in der Form und Hemmungslosigkeit sonst nur von Männern oder Kindern kennt. Draußen ist Kelly die coole, souveräne Politikerin, drinnen ist sie nicht selten ein klammerndes Kind. Bekommt sie ihren Willen nicht, schreit sie, knallt die Türen und schließt sich aus Wut ein.

Bastian scheint diese kindliche Seite durch seine väterliche Fürsorge zu verstärken. Da sie weder allein reisen noch eine Nacht allein verbringen kann, ist er ständig an ihrer Seite. Für die Zeit seiner Abwesenheit organisiert er »Ersatz«, eine Freundin oder einen Freund Petras. Die gibt es damals noch. In dieser Zeit gibt es auch noch Vertraute, die Bastian warnen, die ihm, wie Beckmann, empfehlen, nach München zurückzugehen.

Warum geht Bastian da nicht? Hat er sich zu sehr gewöhnt an das vielbeachtete Leben neben seiner berühmten Gefährtin? An die Pressekonferenzen, Artikel und internationalen Einladungen? Denn in der Tat: Petra Kelly erschließt dem Mann an ihrer Seite die ganze Welt. Zwar sinkt ihre Popularität in Deutschland, aber die internationale Berühmtheit der »green queen« ist ungebrochen.

Auch schreiben ihr die Menschen zu Hunderten, ja Tausenden. Sie alle wollen, daß die von ihnen im Fernsehen als Jeanne d'Arc Bewunderte ihnen hilft. Schon lange wird Kelly dieser Briefflut nicht mehr Herr. Sie bricht unter all den Erwartungen und Problemen zusammen. Längst sind auch die

Journalisten genervt von dieser hektischen, auch sie mit absolutem Beschlag belegenden Frau. Im Sprecherrat der Grünen rückt Kelly in den zweiten Rang. Jetzt ist für die Medien der Anwalt Otto Schily der Star, Anfragen richten sich meist direkt an ihn.
1982 bekommt Petra Kelly den »Alternativen Friedensnobelpreis«, 1983 zieht sie in den Bundestag (und bleibt da bis 1990). Aber ihr Stern sinkt ab 1984 unaufhaltsam, zumindest in der Bundesrepublik. Auch Bastian, nicht nur wegen seiner schnarrenden Kasernenhofstimme in der Fraktion als »General Zackzack« verspottet, gerät in Vergessenheit.
Die beiden konzentrieren sich auf die Außenpolitik, Kelly ist nun im Ausland gefragter als in Deutschland. Und wo auch immer sie eingeladen wird, besteht sie darauf, daß Bastian mitkommt. Nicht nur, weil sie einen Begleiter braucht. Auch, weil sie ihre Überlegenheit vertuschen will. Denn so ein Mann, der ist es nicht gewöhnt, daß die Frau an seiner Seite mehr Beachtung findet als er selbst. Kelly spürt das und versucht, ihn aufzuwerten. Vergebens.
1984 tritt Bastian aus der grünen Fraktion aus, »aus Protest gegen die Diktatur der Inkompetenz«. Er gibt sein Mandat aber nicht zurück, sondern bleibt bis zum Ende der Legislaturperiode freier Abgeordneter. Abgesehen vom permanenten Ärger des »General Zackzack« mit der antiautoritären Basis stecken noch zwei weitere Gründe hinter seinem Rücktritt. Grund eins: Kellys Position als Abgeordnete wird dadurch innerhalb der Grünen verstärkt, denn wenn auch sie noch gehen würde, verlören die Grünen ihren Status als Fraktion im Bundestag. Grund zwei: Bastian will zurück nach München.
Kellys Arbeitswut steigt. Selbst aus einem zweiwöchigen

Griechenlandurlaub im Sommer 1985 läßt sie Freundin Erika wissen: »Ich arbeite immer bis morgens um fünf.« Es gibt in all den Jahren übrigens nicht eine Postkarte an Erika – und es gibt viele Postkarten an Erika –, auf der Petra nicht notiert: »Ich bin soooo müde … Ich bin total erschöpft … Wieder bis 5 Uhr morgens gearbeitet …«

Wovor flieht Petra Kelly mit dieser Arbeitswut? Warum gibt sie sich keine Chance, zur Besinnung zu kommen? Was will sie nicht wissen? Ab Mitte der 80er macht Bastian aus seinem Herzen keine Mördergrube mehr. Er führt Gespräche von Mann zu Mann. Seinem Sohn Till sagt er, daß »nichts mehr ist zwischen mir und Petra«. Petra Ex-Freund Lukas Beckmann gesteht er, daß er es »gründlich leid ist«, und sagt ganz offen: »Ich kann nicht mehr. Ich komme überhaupt nicht mehr zu meinen eigenen Sachen.«

Petra Kelly muß das gewußt oder zumindest gespürt haben. Bastian hat sich, trotz der Symbiose, nie wirklich für sie entschieden. Er wollte sich nie scheiden lassen und sagte bis (fast) zuletzt: »Ich will mit Lotte alt werden.« Das muß für die neue Lebensgefährtin sehr kränkend gewesen sein und erklärt ihr Bedürfnis, ihre Beziehung mit Bastian bei jeder Gelegenheit zu demonstrieren.

Weihnachten feiert Bastian bis zum Schluß bei seiner Familie, Kelly mit Omi Birle. So auch 1985. Kunigunde Birle ist es, die ihm zum Jahresende ein Buch nach München schickt mit der Widmung: »Wünsche Dir, lieber Gert, ein fröhliches Weihnachten, ein gesundes Neujahr 1986. Meinen ganz herzlichen Dank für alles, was Du uns gibst! Was Du für Petra tust, ist ganz einmalig. Wenn Du nicht wärst, Petra würde gar nicht mehr leben. Herzlichst Omilein. Weihnachten 1985.«

Alle finden das ganz großartig, was Bastian tut. Und sie sind

erleichtert, Petra in so guten Händen zu wissen. Denn es wird immer klarer, daß Petra krank ist und dringend in Therapie müßte. Ihre Phobien und Ängste fangen an, sie zu überwuchern. Die so Beredte ist ihnen sprachlos ausgeliefert. Im November 1990 schickt sie ihrer Freundin Erika einen Artikel aus EMMA über »Angst – die neue Frauenkrankheit«. In diesem Text werden die Gründe für die sogenannten »Panikattacken« analysiert, die vielfältig sind und genau die Formen annehmen, unter denen Petra Kelly leidet: »Das ist die Krankheit, die ich seit 1983 habe! Genau das ist mein Symptom: Diese Angst, daß einem keiner hilft!« schreibt Petra ihrer Freundin und unterstreicht: »Herzrasen, Schweißausbrüche, Kälteschauer, Atemnot, Beklemmungs- und Erstikkungsgefühle, plötzliche starke Schwäche und das Gefühl, in Ohmacht zu fallen. Hinzu kommen können Wahrnehmungsstörungen, Kopf- oder Bauchschmerzen.«
Öffentlich handelt sie: Sie stellt eine »Kleine Anfrage« beim Deutschen Bundestag zu der neuen Frauenkrankheit: Was weiß man darüber? Antwort: wenig. Was tut man dagegen? Antwort: bisher nichts. – Doch für sich persönlich tut sie nichts. Zwar streicht sie an, daß die Verhaltenstherapie ein besonders erfolgreiches Gegenmittel wäre – aber sie macht keine. Hat sie Angst vor der Wahrheit hinter ihren Ängsten? Ist die Kluft zwischen der äußeren Darstellung von Petra Kelly und ihrer inneren Wahrheit zu groß geworden? Wagen beide es nicht mehr, dieser Wahrheit ins Gesicht zu sehen? Auf den dringenden Rat, Petra solle sich einer Therapie unterziehen, antwortet Bastian hilflos: »Aber das geht doch nicht. Dann käme ja raus, daß zwischen uns überhaupt nichts mehr ist.« – In einem solchen Maße wird seine »Impotenz« von ihm als Schande empfunden.

1986 geht Bastian noch einmal für ein paar Monate für die Grünen in den Bundestag und wirft das Mandat im November endgültig hin. Querelen über Geldfragen zermürben den Karrieremann. Er hält die parteiinterne Vorschrift, daß jeder grüne Abgeordnete mit einem Gehalt von 1.950 DM (plus 500 DM pro Familienmitglied) klarzukommen habe und alles andere dem Ökofonds zu spenden ist, für »praxisfremd«, ja mehr noch: für »Psychoterror und Erpressung«. Und er sagt zu Beckmann: »Ich bin froh, daß die Legislaturperiode bald vorbei ist. Dann gehe ich zurück nach München.«

Kelly bleibt im Bundestag. Und Bastian bleibt in Bonn. Frauen in ihrer engeren Umgebung – ihrer besten Freundin und ihrer Mutter – fällt auf, daß er zunehmend schroff mit ihr wird: »So ein harscher Ton«. Petras Mutter hat überhaupt kein gutes Verhältnis zu »Herrn Bastian«, von Anfang an nicht. »Er war sehr arrogant«, sagt sie. Und Ehemann John fügt hinzu: »Er war eben immer der General, und ich nur der Oberstleutnant.« Rückblickend fragt Mutter Kelly sich verzweifelt: »Ich kann nicht begreifen, daß sie nichts gemerkt hat.«

Petra Kelly merkt wenig im Privaten, aber bleibt konfliktfähig in der Öffentlichkeit. 1986 führt sie einen Prozeß gegen »Penthouse«. Das Sexmagazin hatte eine Kelly-Karikatur veröffentlicht, die sie »nackt, mit Waffen am schwarzen Ledergürtel baumelnd, nur mit schwarzen Stiefeln bekleidet, in einer miesen und entwürdigenden und sexistischen Weise darstellt«. Vergeblich appelliert sie vor dem Gericht darauf, daß dies wenig mit der »Freiheit der Kunst« und viel mit der »Menschenwürde der Frauen« zu tun habe. Sie führt diesen Prozeß acht Jahre nach dem EMMA-Prozeß gegen den »stern« wegen sexistischer Titelbilder und zwei Jahre vor der

EMMA-Kampagne gegen Pornographie. Sie führt ihn relativ alleine, auch von der ebenfalls von Kelly strapazierten und mit Bergen von Zusendungen überforderten EMMA nicht ausreichend beachtet. Sie macht überhaupt jetzt alles allein, ist zu einer »individualistischen Einzelkämpferin« geworden (Pressedienst Munzinger).

Das Büro des Ex-Kelly-Gefährten Lukas Beckmann im Bonner Tulpenfeld ist heute mit strahlenden Petra-Fotos nur so gepflastert: Petra mit Böll, Petra mit Brandt, Petra mit Beuys. Helden, Helden, Helden. »Die Petra tat sich sehr schwer, Menschen in ihrer Komplexität wahrzunehmen«, sagt Beckmann. »Gert hatte einen völlig anderen Zugang zur Wirklichkeit als sie. Er war ein absolut rationaler Mensch. Sie dachte genausoviel mit der Seele wie mit dem Kopf. Petra hatte eine regelrecht verklärte Wahrnehmung von der Wirklichkeit.«

Die Angst der Petra Kelly vor der Wirklichkeit steigt. Und das Bedürfnis, irgendwo Halt zu finden ebenso. Sie klammert sich an Helden, an den Buddhismus und an Übersinnliches. In London begegnet sie einer Hellseherin, die ihr Grüße von ihrer Schwester ausrichtet. In Moskau besucht sie regelmäßig die berühmte Wahrsagerin Dunja. Und bei ihrem Engagement für die von den Chinesen bedrängten Tibetern entdeckt sie nicht nur ihre Neigung zum Buddhismus, sondern einen neuen Helden gleich dazu: »seine Heiligkeit der Dalai Lama« (wie Kelly zu schreiben pflegt).

Kellys Hauptstütze bleibt Bastian. Doch je hilfreicher Bastian ist, um so hilfloser wird Kelly. Ist sie ohne ihn oder mit anderen zusammen, sieht das anders aus. »Dann konnte sie mit mir sogar Aufzug fahren und alleine im Wald joggen« (Erika Heinz). »Dann war sie durchaus in der Lage, selbst ihre Angelegenheiten zu regeln« (Lukas Beckmann). Doch wenn er da ist, regrediert sie zum Kind. »Sie hat genau gewußt, wie sie ihn nehmen muß: von der Seite des Kümmerers« (Lotte Bastian).

* * *

Die Verbindung, die am Anfang so glamourös und so spannend für beide war, gleitet mehr und mehr in die Isolation, den Krampf und die Neurose.

Bedrückend ist dabei nicht nur, daß die zwei ihren Realitätsverschiebungen innerhalb ihrer Beziehung und in bezug auf die Außenwelt so hilflos ausgeliefert sind. Bedrückend ist auch, daß niemand eingreift. »Privatsachen« sind eben tabu. Bei den Söhnen und Töchtern nicht minder wie bei den Vätern und Müttern. So wenig wie Menschen bei körperlichen Torturen eingreifen, wenn Kinder mißhandelt oder Frauen geschlagen werden, so wenig tun sie etwas gegen die seelischen Torturen hinter den Mauern der Privatheit. Das ist doch deren Sache, da halt ich mich raus ...

So und ähnlich müssen die hinter dem Rücken von Kelly und Bastian getuschelten Kommentare ihrer engeren Umgebung gelautet haben. Denn da waren ja durchaus einige, die durchblickten, die ziemlich genau wußten, wie sich die beiden quälten. Fast ein Jahrhundert nach Freud scheinen trotz aller Popularität der Vulgärpsychologie die wirklichen Seelenprobleme wieder vollends tabu zu sein. Privat wird als privat begriffen und keineswegs als politisch, also gesellschaftlich bedingt, gesehen.

Karen Horney, die in die USA emigrierte deutsche Psychoanalytikerin und »Freuds erste Rebellin« (weil sie die zentrale Bedeutung der Sexualität für die seelische Entwicklung in

Frage stellte und die Frauenfrage einbrachte) hatte schon vor einem halben Jahrhundert nicht nur Wegweisendes über die besondere Beschaffenheit der weiblichen Seele in unserer Zeit, sondern auch über die der Neurose geschrieben. »Der neurotische Mensch unserer Zeit« heißt ihr Buch, in dem sie die Entstehung der Neurose und ihre Folgen seziert. Schade, daß Petra Kelly dieses Buch nie gelesen hat – vorausgesetzt die emotionale Freiheit, es zu begreifen, hätte sie darin viel über sich finden können.

So schreibt Horney zum Beispiel über den Widerspruch zwischen Ehrgeiz und Demut: »Auf der einen Seite wird alles getan, um uns auf den Weg des Erfolges zu jagen, was heißt, daß wir uns nicht nur durchsetzen, sondern auch aggressiv und imstande sein müssen, andere aus dem Weg zu drängen. Andererseits sind wir voll von christlichen Idealen, die erklären, es sei selbstsüchtig, etwas für uns selbst zu wollen, wir müßten demütig sein und die andere Backe darbieten.« Ein Mensch, der diesen Konflikt nicht zugunsten des einen oder anderen Bestrebens löst, schlittert unweigerlich in die Neurose. Das heißt, er verfolgt zwei miteinander unvereinbare und sich auch innerhalb seines eigenen Bewußtseins gegenseitig ausblendende Tendenzen.

Resultat laut Horney: »Ein aggressives Bemühen um unumschränkte und ausschließliche Herrschaft und gleichzeitig ein übermäßiges Verlangen danach, von allen geliebt zu werden.« Das genau ist der Konflikt, in dem Petra Kelly sich befindet – allerdings, ohne ihn zu durchschauen, denn würde sie das tun, müßte ihr Zustand nicht ins Neurotische eskalieren.

Auch der Mann an ihrer Seite begreift nicht. Der begreift überhaupt nicht viel. Der Kavalier alter Schule ist Kellys Ängsten und ihrem Appell an sein Mitleid und seine Fürsorge – Du mußt mich lieben, ich bin so arm und so hilflos! – ganz ausgeliefert. Ihre Hilflosigkeit belastet ihn. Aber sie schmeichelt ihm auch. Er beginnt selbst zu glauben, daß sie ohne ihn nicht mehr existieren kann.

Kellys Mischung aus Bedürftigkeit und Tyrannei fällt übrigens gerade bei Bastian auf fruchtbaren Boden. Seine 1981 gestorbene Mutter fesselte ihn mit genau dem gleichen Wechselbad der Gefühle an sich. Er ist es gewöhnt, herrisch geliebt zu werden, ohne aufzumucken. Petra Kelly kommt, als Mutter Bastian geht. Lotte Bastian: »Ja, das habe ich auch schon gedacht. Da kann es durchaus Zusammenhänge geben. Er war mit seiner Mutter ja ganz unterwürfig. Die hat ihn noch im hohen Alter angeherrscht: Hast du auch lange Unterhosen an?! Und auch mit der Petra war er ganz willenlos.«

Und da gibt es noch etwas. Gute Beobachter glauben, daß der alte Weiberheld bei Petra auch seine Schuld für das abdient, was er anderen Frauen angetan hatte. Ehefrau Lotte: »Die Petra hat den Gert anscheinend so eine Art Generalbeichte ablegen lassen. Die hatte total den Daumen drauf.« Und das freut selbst die Konkurrentin, die zu lange zuviel hingenommen hat, noch heute.

»Ich glaube, er hat die Frage, ob er zu einem Menschen ganz steht, bis dahin in seinem Leben vernachlässigt. Er war noch nie wirklich gefordert worden«, sinniert Lukas Beckmann. »Und jetzt hatte er eine Aufgabe. Gert war davon überzeugt: Ohne mich kann die gar nicht mehr.«

Gert Bastian hat wohl mehrere Gründe, nicht zurück zu seiner Frau zu gehen, obwohl er das immer wieder und immer öfter ankündigt, vor allem nach seinem zweiten Austritt aus dem Bundestag im Herbst 1986. Bastian kann nicht gehen, weil das unter dem Druck von Petras allumfassender Liebe total tabu ist. Bastian kann auch nicht gehen, weil er sich an den Rummel gewöhnt hat und sich vermutlich restlos abgewertet fühlen würde als Pensionär in seiner Wohnung in Schwabing. Flüge rund um die Welt, Pressekonferenzen, große Auftritte – Bastian genießt das weiterhin. Und Kelly weiß das. Sie weiß auch, daß er gehen will, verwirft Pläne, ins Ausland zu gehen, von vorneherein, denn: »Ich glaube, da käme der Gert nicht mit.« Doch sie hat weder den Stolz noch die Kraft, ihn gehen zu lassen. Der wäre dann vielleicht sogar freiwillig geblieben – schließlich konnte er auch kaum noch zurück, denn er hatte ja alle Brücken abgebrochen. Doch statt die Freiheit zu wagen, setzt sie auf Abhängigkeit. Sie entwickelt immer fieberhaftere Aktivitäten für sich und für ihn.

Das Jahr 1987, in dem der Ex-Soldat inzwischen nur noch zur besonderen Verwendung der grünen Bundestagsabgeordneten da ist, kann als Beispiel stehen für den schwindelerregenden Polittourismus der beiden. Neben ihrer parlamentarischen Arbeit und beider Engagement in der Kinderkrebsvereinigung sind das die Stationen des Jahres:

Im Februar 87 lädt Gorbatschow Bahr, Bastian und Kelly nach Moskau ein. Die beiden genießen den auch in den Medien vielbeachteten Besuch, aber sie sind nicht zu kaufen: Dem etwas erstaunt aus seinen blauen Augen blickenden Gorbatschow trägt Kelly energisch die Menschenrechts-Verstöße gegen die BürgerrechtlerInnen in der Sowjetunion vor. Als sie zurückkommen, geht ein dickes Pressedossier über ihren Auftritt an die Grünen.

Im März 87 organisieren sie die vierte Kunstauktion zugunsten der von ihr 1973 gegründeten »Grace-Kelly-Vereinigung zur Unterstützung der Krebsforschung für Kinder e. V.«. Kassenwartin des Vereins ist bis zum Tode von Petra die tapfere Großmutter Birle, Seele des Vereins ist die treue Freundin Erika, und auch Gert Bastian macht mit.

Im April 87 nehmen beide an der Gedenkveranstaltung zum 50. Jahrestag von Guernica teil, der von Nazi-Bombern zerstörten baskischen Stadt. Nicht nur Kelly hält dort eine Rede und besteht bewußt gerade hier auf ihrer Strategie eines »gewaltfreien Widerstandes«. Auch Bastian spricht.

Im Juni 87 tritt der dekorierte Ex-Leutnant des Zweiten Weltkriegs als »Zeitzeuge« in dem spektakulären Barbie-Prozeß auf. Er stellt klar, daß Barbies Gestapo nicht mit der deutschen Wehrmacht zu vergleichen sei, sondern ein »Teil der Vernichtungsmaschinerie Hitlers war«, die die »verbrecherische Ausrottungspolitik der Nazis realisierte«. Barbie sei darum keineswegs »Kombattant im Sinne des Kriegsvölkerrechts« gewesen, sondern ein »Angehöriger von Organisationen, die im Nürnberger Kriegsverbrecherprozeß als ›verbrecherisch‹ verurteilt worden sind.« Bastian glaubt also noch immer an den »guten« und den »schlechten« Killer in Uniform. Pazifistin Kelly widerspricht ihm nicht.

Im Juni 87 ist es der Evangelische Kirchentag in Frankfurt. Und dann noch einmal Moskau, wo Kelly von den Grünen zum »Internationalen Frauentag« delegiert ist. Bastian immer dabei. Ebenso bei den »European Nuclear Disarmement« zum 50. Jahrestag der von den Deutschen bombardierten englischen Stadt Coventry. Mitte Juli trifft sich dann wieder die Friedensbewegung in Washington, die beiden mit von der Partie.

Im August 87 fahren Kelly und Bastian auf Einladung von

Erich Honecker zur 750-Jahr-Feier Berlins in den Osten. »Eine gute Gelegenheit, die vielen Freundinnen und Freunde aus den unabhängigen Friedens- und Ökologiegruppen wiederzusehen«, freut sich Kelly, darunter auch ihre Freundin Bärbel Bohley.

Nach einem Abstecher zum »Internationalen grünen Kongreß« in Stockholm trifft Kelly Erich Honecker im September 87 in Bonn wieder: Staatsbesuch und roter Läufer. Sie trägt demonstrativ ihr T-Shirt »Schwerter zu Pflugscharen« und hält dem in allen Ehren in der Bundeshauptstadt empfangenen Staatschef der Deutschen Demokratischen Republik die Repressionen vor, »denen meine Freundinnen und Freunde in der DDR regelmäßig ausgesetzt sind«. Es nutzt nichts, aber immerhin hält sie nicht den Mund – im Gegensatz zu denen in Bonn.

Im September 87 treffen die beiden in Bonn erstmals den Dalai Lama, geistliches und weltliches Oberhaupt der von den Chinesen okkupierten Tibetaner im Exil. Ein neuer Held in Petras Galerie. Es gibt Fotos, auf denen Bastian im Hintergrund steht, während Kelly »Seine Heiligkeit« unverhüllt anhimmelt – Bastians Blick ist dunkel.

Doch das Jahr 87 ist noch lange nicht zu Ende: Ende September Los Angeles, auf Einladung des Goethe-Instituts referiert Kelly zu dem Thema »Amerika und wir«. Im Oktober spricht sie in Den Haag auf einem Treffen der niederländischen Friedensbewegung. Im November in Genf, bei einer Demonstration für Tibet. Es folgt Helsinki und seine grüne Bewegung, dann München: ein Referat über die grüne Außen- und Friedenspolitik vor der »Trilateralen Kommission«. Im Dezember besuchen beide die Kinderkrebsstationen von Essen, Datteln und Heidelberg.

Bastian immer im Schlepptau. Genauer: Kelly im Schlepptau. Denn er ist es, der die Reisen organisiert, die Koffer packt, Petra auf Schritt und Tritt begleitet, ihre Probleme vor der Außenwelt verbirgt. Wer Petra Kelly einlädt, weiß, daß zwei Flüge und ein Doppelzimmer gebucht werden müssen. Längst ist der permanente Begleiter der »Jeanne d'Arc der Grünen« zum Gespött der Medien geworden: zum »Hanswurst«, zum »Laufburschen«, zum »Lakai« der Kelly.

In der Tat: Eigene Interessen hat der Ex-General schon lange nicht mehr, er geht ganz auf in den ihren, wie eine Frau. Manchmal geht es sogar der Freundin Erika zu weit, wie Petra ihren Gert herumscheucht. Doch auf Kritik antwortet die Emanzipierte ironisch: »Was willst du? Eine Frau muß heutzutage einen Hausmann haben!« – »Der Gert hat versäumt, die Achtung vor Petra und die Achtung vor sich selbst im Gleichgewicht zu halten«, glaubt Beckmann. »Er hat sich gedemütigt. Sie hat das gesehen – aber die Gefahr nicht erkannt.«

Doch auch die fieberhaften, weltweiten Aktivitäten können die häuslichen Probleme nicht länger wegdrücken. Im Jahr 1988 geht es weiter bergab. Bastian ist so erschöpft, daß er immer öfter am Tisch einschläft. Petra Kelly, die ihn am Anfang ihrer Beziehung halb spöttisch, halb bewundernd »mein General« genannt hatte, witzelt jetzt vor Dritten, »Gertilein, du schläfst ja schon wieder ...«

Die wenigen Tage, in denen sie zu Hause in ihrer Reihenhaus-Idylle mit Gärtchen, gehäkelten Gardinen und Friedenstauben auf den Fensterscheiben sind, reichen nicht zur Regeneration. Im Gegenteil: Die sind fast noch stressiger als die Reisen. Denn Petra Kelly hat, wie gesagt, die Angewohnheit, in der Küche und im ganzen Erdgeschoß zu arbeiten: Alles ist übersät mit ihren Papieren und Büchern, die Tische, Stühle, ja sogar der Ofen. »Ich kann mir noch nicht einmal mehr einen Kaffee kochen«, beklagt sich Bastian, der an hausarbeitende Frauen gewohnt ist, bei Freunden. Irgendwie aber scheint er dennoch an seinen Kaffee zu kommen, den trinkt er dann stehend. Petra Kelly trinkt keinen Alkohol, ißt nicht gerne und kocht überhaupt nicht. Der Ex-General natürlich auch nicht, für den hatten bisher immer die Frauen gekocht. Petra Kellys Verweigerung als Frau im Haushalt ist radikal. Als Gipfel des kulinarischen Exzesses gilt bei ihr bereits eine Unox-Suppe. »Wenn wir mal essen gingen«, erzählt Ex-Nachbarin Lötters, »dann gingen wir immer ins Restaurant. Das Haus haben wir fast nie betreten, das war auch viel zu ungemütlich.«

Einmal im Jahr kommt Mutter Kelly aus Amerika – und putzt das ganze Haus und ordnet die Petra-Kelly-Ablage im Keller. Petra scheint ihr Leben lang nicht ins mütterlich-fürsorgliche Fach gewechselt zu haben, sondern immer eine zu versorgende »Tochter« geblieben zu sein. Das ließ ihr so viel Zeit für die Politik, wie sie gemeinhin nur Männer haben.

Bastian, der bei seiner Familie »nie schlecht über Petra redete«, läßt sich inzwischen dazu hinreißen, auf dem Sofa seiner Tochter Eva zu jammern. »Da habe ich ihm gesagt: Wenn du es so leid bist, warum gehst du dann nicht? Da hat er mir geantwortet: Das kann ich gar nicht. Wenn ich gehe, bleibt die Petra im Bett liegen, ißt nichts mehr und verhungert.« Und dann sagt er noch, fast tonlos: »Du kannst dir gar nicht vorstellen, wie das ist mit der Petra. Es ist die Hölle.«

Längst wiegt der Haß schwerer als die Liebe. Auf beiden Seiten. Er haßt sie dafür, daß sie ihm kein selbstbestimmtes Leben erlaubt, er impotent geworden ist und ihn zu ihrem Anhängsel degradiert. Sie haßt ihn dafür, daß er sich trotzalledem nicht eindeutig für sie entscheidet und daß sie ihn so braucht. Denn wo Abhängigkeit vorherrscht, ist für Liebe kein Platz mehr. Aber weder er noch sie gestehen sich die Aggressionen ein. Sie verkleistern sie mit gegenseitigen Liebesbeteuerungen und Verharmlosungen. Sie ist sein »Pedilein« und er ist ihr »Gertilein«.

Dabei muß sie ihn verachten, weil er alles repräsentiert, was sie politisch bekämpft: Er ist ein Soldat durch und durch, sein Beruf ist das Töten. Und er muß sie verachten, weil sie alles repräsentiert, was ein Mann wie er nicht ernst nehmen kann: Sie ist nach außen stark, aber nach innen schwach und abhängig. Um sich ihre gegenseitige Verachtung und ihre Aggressionen nicht eingestehen und austragen zu müssen, kleistern sie sich gegenseitig zu mit Liebesbeteuerungen und Idealisierungen.

Simone de Beauvoir hat im »Anderen Geschlecht« diesen männlichen Drang zur Verehrung und Erhöhung der tieferstehenden Frauen sehr einleuchtend analysiert als die Voraussetzung dafür, daß der überlegene Mann die unterlegene Frau überhaupt lieben kann. Bastian geht in seiner ganzen Zerrissenheit sogar so weit, aus seinem Zimmer in der Münchner Wohnung einen »regelrechten Petra-Altar« zu machen: »Überall Fotos, Zeitungsausschnitte, jeden Papierschnipsel von ihr hat er aufbewahrt. – Eine reinste Devotionalienhandlung«, spottet Ehefrau Lotte. »Ich bin da nie reingegangen, habe mich auch geweigert, zu putzen!«

Bastians Mund scheint etwas anderes zu sagen, als sein Herz es will. Vielleicht sind auch immer noch die Vorteile dieses spektakulären Lebens an ihrer Seite größer als die Nachteile. Zu seiner Widersprüchlichkeit paßt es auch, daß er zwar stöhnt, es werde ihm alles zuviel mit Petra – er aber gleichzeitig die Kontrolle behalten will und hinter ihr hertelefoniert, sobald sie nicht bei ihm ist. Erreicht er sie nicht sofort, ist er so besorgt, daß er Freunde alarmiert. Dasselbe macht er übrigens mit seiner Ehefrau Lotte, die längst begonnen hat, auch ein eigenes Leben zu führen. Erreicht Bastian seine Frau nicht, ist er erstaunt bis verärgert. Sie haben einfach alle da zu sein unter seiner Obhut, seine Frauen.

Zweifellos verstärkt die paternalistische Fürsorge von Gert Bastian die Hilflosigkeit von Petra Kelly. Das Zusammentreffen der beiden erweist sich als fatal: Sie wird immer ohnmächtiger, er immer allmächtiger. Er entwickelt Allmachtsphantasien. Ohne ihn ist sie nichts. Sie wird zu seinem Geschöpf. Ihr Leben ist in seiner Hand.

In der Situation bricht Kelly aus. Beinahe. Im März 1989 organisiert sie die Tibet-Anhörung in Bonn und trifft dabei Palden Tawo. Es ist das gehabte Muster. Der tibetanische Arzt berät sie bald auch ganz privat bei ihren seelischen und körperlichen Problemen. Unter den Augen von Gert Bastian und mit seiner Billigung beginnt Petra Kelly eine Liebesbeziehung mit dem Tibeter. Der ist verheiratet und hat drei Kinder.

Tawo ist – neben Freundin Erika, Mutter Margarete und Pflegetochter Nima – der einzige Mensch, der in dieser Zeit noch im Haus in der Swinemünder Straße 6 verkehrt. Manchmal kommt er, wenn die beiden noch nicht da sind. Die Nachbarn Lötters haben Anweisung, ihm dann den Schlüssel auszuhändigen. Palden Tawo übernachtet oft im Tannenbusch. Und wenn er nicht kann, fährt Bastian seine Gefährtin zu dem Liebhaber ins Krankenhaus nach Lüdenscheid – und wartet draußen im Auto.

Bastian scheint erleichtert. Längst redet er zynisch über Petra Kelly: »Ich hoffe, der Palden nimmt sie oder der Beckmann nimmt sie zurück – aber in dem Zustand will sie ja niemand haben«, stöhnt er bei seiner Familie in München. Aber er muß auch gedemütigt sein, trotzalledem, denn er hat schon lange nicht mehr die Kraft für Affären.

Jetzt reisen sie zu dritt: Kelly, ihr Lebensgefährte und ihr Liebhaber. Im Juni 90 nach Tokyo. Da gibt es ein Foto von allen dreien: Sie steht blaß und mit hängenden Armen in der Mitte; Bastian rechts von ihr, aufgestützt auf einem Geländer, in der linken Hand eine Jutetasche; links leicht hinter ihr Tawo, dem sie ihre rechte Hand auf sein Knie und er seine rechte Hand auf ihre Schulter gelegt hat. Im Sommer 90 fährt Kelly mit Tawo allein nach New York. Bastian verbringt eine Woche mit seiner Familie – der letzte Sommer auf der Tiroler Hütte, wo die Bastians immer so kreuzfidel gewesen waren. Im Dezember fährt er mit Tawo und Kelly zusammen nach Washington. Sie stellt ihren neuen Freund ihrer Familie vor.

Ist das die Lösung? Wird die Beziehung zwischen Kelly/Bastian zum Vater-Tochter-Verhältnis und findet sie einen anderen?

Am 29. November 1990 hat Petra Kelly Geburtstag, sie wird 43. Palden Tawo ist in Bonn zu Besuch. An diesem Tag findet ein schicksalschweres Gespräch statt. Gert und Palden, die beiden miteinander befreundeten Männer, gehen zusammen zur Post. Auf dem Rückweg essen sie etwas in einer kleinen Pizzeria im Tannenbusch, wo Bastian sich, von Mann zu Mann, dem Liebhaber seiner Lebensgefährtin anvertraut. Bei der Polizei schildert Tawo nach dem Tod der beiden die Szene so: Bastian habe fuchtbar gejammert. Und dann habe er wörtlich gesagt: »Ich kann nicht mehr. Wenn es überhaupt nicht mehr geht, dann gehe ich und nehme Petra mit. Ich erschieße sie im Schlaf und dann mich.« Tawo hat das Ganze so ernst genommen, daß er es in sein Tagebuch notierte, aber nicht ernst genug, um Petra zu warnen. – Bastian hat sich offen zum Herrn über Leben und Tod von Petra Kelly gemacht. Und niemand widerspricht ihm.

Am 2. Dezember 1990 verlieren die Grünen die Wahlen. Petra Kelly wäre auf keinen Fall mehr ins Parlament zurückgekommen: Ihre Partei hatte sich geweigert, sie wieder als Kandidatin aufzustellen.

Anfang 1991 sind die Monate des Golfkrieges. Per Knopfdruck tötet die Supermacht USA im Namen der gerechten Sache Hunderttausende von irakischen Kindern, Frauen und Männer. Die Meinungen im Westen sind gespalten. Doch gerade in dem vom Zweiten Weltkrieg traumatisierten Deutschland gibt es eine große Zahl von Menschen, vor allem junge, die diesen selbstgerechten Überfall einer Großmacht auf das hoffnungslos unterlegene Land kritisiert. Auch Petra Kelly und Gert Bastian gehören zu den Kritikern. Sie bleibt sich als Pazifistin treu, und der erfahrene Militär durchschaut die Demagogie und die Lügen, mit denen hier mal wieder ein kriegerischer Überfall gerechtfertigt wird.

In dieser Zeit erzählt Kelly sowohl Palden Tawo als auch Lukas Beckmann eine aufschlußreiche Episode. Beckmann erinnert sich genau: »Gert hatte der Petra vorgeschlagen, doch aus Protest gegen den Golfkrieg zusammen ihr Leben im Bombenhagel zu riskieren und dort notfalls für die gute Sache gemeinsam zu sterben. Petra hielt da gar nichts von. Sie war ganz empört und hat ihm gesagt: Das will ich nicht, ich bin viel zu jung zum Sterben!« Anfang 91 hat Bastian also er-

neut an einen gemeinsamen Tod gedacht – und sie hat ihm klar geantwortet, daß sie nicht sterben will.
Palden Tawo, der zwei Jahre lang Kellys Vertrauter war, erklärt nach dem Tod bei seiner Vernehmung durch die Polizei in aller Entschiedenheit: »Es ist unvorstellbar, daß Petra Kelly sterben wollte! Sie hat immer gesagt, daß sie gesund werden will und noch viele Pläne hat.« Unvorstellbar. Was die Staatsanwaltschaft nicht hindern wird, in ihrem abschließenden Kommuniqué von einem »Doppelselbstmord« zu sprechen.
Im Herbst 91 trennt Tawo sich überraschend von Kelly. Er tut dies ohne Erklärung. Dahinter steht: Auch ihm wird Petras Hang zu symbiotischen Beziehungen, ihre nächtlichen Anrufe, ihr totaler Zugriff zu eng. Vor allem aber: Seine Ehe ist in Gefahr. Er will Frau und Kinder nicht verlieren. Petra Kelly bricht zusammen.
Sie kommt zum ersten Mal in das Sanatorium auf der Bühler Höhe im Schwarzwald. Gert Bastian begleitet sie. Sie bleiben nur zehn Tage und fliegen dann in die USA, wo Kelly Vorlesungen an drei Universitäten zugesagt hat. Ihr Zustand ist dramatisch. Er macht sich mehr Sorgen um sie denn je. Aber: Sie macht sich auch Sorgen um ihn, vor allem um sein Selbstwertgefühl.
Bei Freundin Erika bestellt sie in diesen Wochen eine »kleine Überraschung für Gert« für die im Dezember anstehende Mitgliederversammlung der Kinderkrebsvereinigung: eine Ehrenurkunde. Und so soll auf Wunsch von Petra der Text der möglichst »schön und liebevoll« gestalteten Urkunde lauten: »Ehrenurkunde für Gert Bastian. Die Grace-Kelly-Vereinigung ehrt und dankt Gert Bastian für seine so solidarische und aufopfernde ehrenamtliche Arbeit zugunsten krebskranker Kinder und

zugunsten der Ziele der Vereinigung. Wir umarmen dich! Danke. Gert. Petra K. Kelly, Kunigunde Birle, Erika Heinz«.
Doch der gönnerhafte Dank wiegt Bastians Belastung nicht auf. Er ist am Ende. So empfindet das auch seine Familie zu Weihnachten 91. Tochter Eva: »Seit Weihnachten war er total verändert. Er war nicht mehr er selbst. Er hat sich auch nicht mehr für die Familie interessiert. Ab da haben wir mit einer Katastrophe gerechnet, daß er tot umfällt zum Beispiel – und wir mit der Petra dastehen.« Und Ehefrau Lotte: »Ich dachte, er kriegt einen Herzinfarkt oder sowas. Er sah so elend aus.«
Am zweiten Weihnachtstag 1991 schreibt Gert Bastian in seiner Münchner Wohnung einen Brief an den Ex-Liebhaber von Petra. Da der Brief viel aussagt über die Beziehung des Trios und Bastian eine Zeitlang in Verdacht stand, aus Eifersucht getötet zu haben, hier der ungekürzte Wortlaut:
Lieber Palden! Ich möchte ein Jahr, das ich mit so tiefen, freundschaftlichen Gefühlen für Dich begonnen habe, nicht so wortlos zu Ende gehen lassen, wie Du das anscheinend wünschst. Es war schön, Dich im Oktober in Hamburg zu treffen und ich danke Dir auch, daß Du auf meine Bitte hin in der Klinik angerufen hast. Aber warum danach Dein Schweigen wieder so undurchdringlich geworden ist, verstehe ich nicht. Ist Petra, bin ich wieder in Acht und Bann und hast Du sie und mich nun endgültig aus Deinem Leben ausgegrenzt?
Petra hat Dir geschrieben und Dich um ein Treffen an ihrem Geburtstag gebeten. Ein Treffen in besserer Atmosphäre, als bei den letzten Treffen im Krankenhaus. Du hättest ihr diesen Wunsch als eine Art Geburtstagsgeschenk erfüllen können! Wäre das wirklich so schlimm gewesen? Daß Du überhaupt nicht reagiert hast, hat Petra sehr getroffen und ich verstehe es nicht. Ihr Zustand ist

schlecht genug, warum ihn noch mehr verschlimmern, wo es doch so wenig kosten würde, ihr zu helfen.
Ihr psychischer Zusammenbruch ist ja die Folge Deiner totalen Ausgrenzung und der Art, wie Du sie vollzogen hast. Am Jahresbeginn war sie so voller Optimismus und Hoffnung. War auch bereit, sich einer Therapie zu unterziehen, bei der sie auf Deinen Rat und Deine Hilfe vertraute. Als beides ausblieb, ist sie innerlich zerbrochen und total abgestürzt.
So sind ihre Chancen im Existenzkampf heute ungleich schlechter als vor 12 Monaten und das ist sehr traurig. Vor allem auch deshalb, weil die Notwendigkeit nicht einzusehen ist, und von Dir auch nie verständlich gemacht worden ist.
Petra weiß bis heute nicht, warum und wodurch sich Deine Einstellung zu ihr so plötzlich völlig verändert hat, und auch ich bin da ratlos, weil Du immer gesagt hast, an Deinen Gefühlen für sie habe sich nichts geändert.
Ich würde Dich so gerne verstehen können, weil Du mir viel bedeutest, aber ich bin einfach ratlos, zumal ich auch kein Rezept finde, die Scherben zu kitten, denen ich mich gegenübersehe.
Es ist sehr tragisch, daß Petra gerade in einem Lebensabschnitt, wo so vieles schief lief, wo sie so viele Enttäuschungen zu verkraften hat, so große Probleme bewältigen muß, wie z. B. die Pflegebedürftigkeit ihrer Omi, und die Sicherung des Existenzminimums, sich auch von Dir so im Stich gelassen fühlen muß. Das ist mehr, als sie verkraften kann.
Ich weiß nicht, wie lange ich ihr noch helfen kann, denn ich spüre, daß meine Zeit ausläuft, worüber ich nicht klage. Aber Petras Schutzbedürftigkeit macht mir große Sorge; nach dem Absturz in diesem Jahr mehr als je zuvor.
Gerne würde ich Dich einmal in ruhiger, freundschaftlicher Weise

sprechen. Aber Du bist ja praktisch unerreichbar. Das ist auch für mich schwer zu verkraften.
Ich kann mir nicht denken, daß 1991 für Dich besonders schön gewesen ist. Darum wünsche ich Dir sehr ein glücklicheres 1992! Vielleicht bringt es eine Möglichkeit zur Lösung aller Rätsel, die Du Petra aufgegeben hast und unter denen sie leidet. Wenn Du noch einen Rest positiver Gefühle für sie in Dir hast, müßte Dir daran ebenfalls gelegen sein. Ich hoffe es jedenfalls! Mit allen guten Wünschen umarme ich Dich, Dein Gert. (Petra weiß nichts von diesem Brief!).
Palden Tawo reagiert nicht. Sein (Ehe)Leben steht auf dem Spiel.
Als Kelly und Bastian sich nach Weihnachten wiedertreffen, ist die Lage aussichtsloser denn je zuvor. Sie wird, trotz oder wegen seiner Hilfe, überwältigt von ihren seelischen Problemen, die längst auch körperliche Formen angenommen haben (Schwächeanfälle, Ohnmachten, Zusammenbrüche). Er hat endgültig seine Familie verloren – und sich selbst.
Wie kommt es, daß Petra Kelly nichts merkt? Daß sie nicht spürt, wie ausgebrannt er ist; daß sie seine dunklen Blicke nicht sieht; daß sie noch nicht einmal ahnt, in welcher Gefahr sie sich befindet ... Sie scheint so mit sich beschäftigt, mit der Bekämpfung ihrer Ängste und den Leiden dieser Welt, daß sie andere überhaupt nicht mehr wahrnehmen kann. Sie scheint sich auch daran gewöhnt zu haben, ihre Wünsche für die Realität zu halten. Vor allem aber: Sie ist in einem solchen Maße abhängig von Gert Bastian, daß sie an ein Leben ohne ihn noch nicht einmal mehr denken kann. Und Bastian: Warum geht er nicht wenigstens jetzt? Besser gehen als zugrunde gehen! Schmeichelt es ihm, trotz allem, noch immer, daß er so unentbehrlich ist? Er scheint unent-

wirrbar verstrickt in den seelischen Sadomasochismus dieser Beziehung. Denn dieser als beherrscht und rational geltende und beruflich so konfliktfähige Mann versteht nichts von Gefühlen, schon gar nicht von seinen eigenen. Unter seiner glatten Fassade muß es getobt haben – aber er kann sich diese Widersprüche nicht eingestehen. Er baut auf, oder er zerstört, dazwischen gibt es nichts. Die Ex-Nachbarn, die die beiden nur als »reizendes Paar« kennen, sind noch immer fassungslos. Frau Lötters: »Wenn er es wirklich war, dann muß er ein Doppelleben geführt haben.«

Die noch verbleibenden Wochen bis zum 22. März 92, dem Tag von Bastians schwerem Unfall, vergehen hektisch wie immer. Auf dem Plan steht unter anderem ein USA-Trip. Mit sich herum schleppt Gert Bastian nicht nur Petras Plastiktüten und Jutetaschen, sondern auch seine schwarze Aktenkoffer aus Kunstleder. In dieser Aktentasche herrscht ein ähnliches Chaos wie im Haus und in den Seelen der beiden.

Als Tochter Eva den Aktenkoffer Wochen nach dem Tod des Vaters vor meinen Augen zögernd öffnet, fällt uns ein Wust von Papieren entgegen: Briefe, Broschüren, Artikel, meist über Kelly, darunter auch welche aus den Jahren 1984 und 1987. Sogar ein Brief vom 9. August 1983 ist dabei: Bastian beantragt darin die Verlängerung seines Waffenscheins für die Derringer 38, Nr. 1290. Die Todeswaffe.

Zwischen den Papieren Fotos von seinem im Krieg gefallenen Bruder Ruy, seiner 1957 gestorbenen Schwester Ruth und ein gerahmtes Bild von der jungen Petra, der Siegerin. Ebenso Zettel, kleine Grüße von Petra (»dein Fröschlein«) oder Lotte, das »Gertilein« gewidmete »Love«-Buch, zerbröselte Rosenblätter und ein Jahreskalender 1991, den Kelly für Bastian Monat für Monat mit Fotos aus dem vergangenen Jahr beklebt hat: Fotos aller bereisten deutschen und internationalen Schauplätze, Fotos mit Omi, mit Nima, mit Palden. Und eine mit Buntstiften in verschiedenen Farben geschriebene Widmung von Kelly: »Für meinen Geliebten. Deine kleine, arme Petra, die dich soooooooo braucht!«

In das Dezemberblatt klebte Petra für ihren Gert drei Fotos: Da stehen sie vor einer steingewordenen Gruppe »Liebende« im Osloer Stadtpark, mal eine blasse Kelly, mal ein blasser Bastian, jeder allein. Daneben klebt Petra Aperçus von André Fayol: »Die Liebe ist wie das Leben selbst / kein bequemer und ruhiger Zustand / sondern ein großes, ein wunderbares Abenteuer.« Und: »Wenn du etwas liebst, laß es frei / wenn es zurückkommt, ist es dein / wenn nicht, ist es niemals dein gewesen.« In diesem Dezember 92 werden die beiden schon nicht mehr leben – getötet von der Liebe, einer besitzergreifenden, symbiotischen Liebe zwischen Fremden.

Ganz auf dem Grund von Bastians Koffer, fast versteckt zwischen dem verschlissenen, beige gemusterten Futter, liegt noch etwas: ein Dolch aus Lappland, in einer Lederscheide, scharf genug, ein Tier oder einen Menschen zu erstechen. Der Gedanke ans Töten muß ihn ein Leben lang begleitet haben.

»Die Unversehrtheit menschlichen Lebens steht für die gewaltfrei Handelnde über jedem anderem Wert«, erklärt die Politikerin Kelly immer wieder. Und die Liebende Kelly läßt sich von einem schwer bewaffneten Ex-Soldaten durchs Leben begleiten.

Wenige Wochen vor ihrem Tod schreibt Petra Kelly ihren letzten veröffentlichten Text über »Frauenleben. Frauenpolitik«. Am Schluß nennt sie drei Wünsche, der dritte lautet: »Ich wünsche mir ein langes, fruchtbares, schöpferisches Zusammenleben und Wirken mit meinem Lebens- und Seelengefährten Gert Bastian.«

Am 1. Oktober 1992 nimmt ihr Gefährte ihr mit dem Todesschuß nicht nur das Leben. Er führt mit diesem Gewaltakt auch ihre gesamte Politik, alles, wofür sie gestanden und gekämpft hat, ad absurdum. Es ist ihre totale Vernichtung.

Gert Bastian und Petra Kelly 1988.

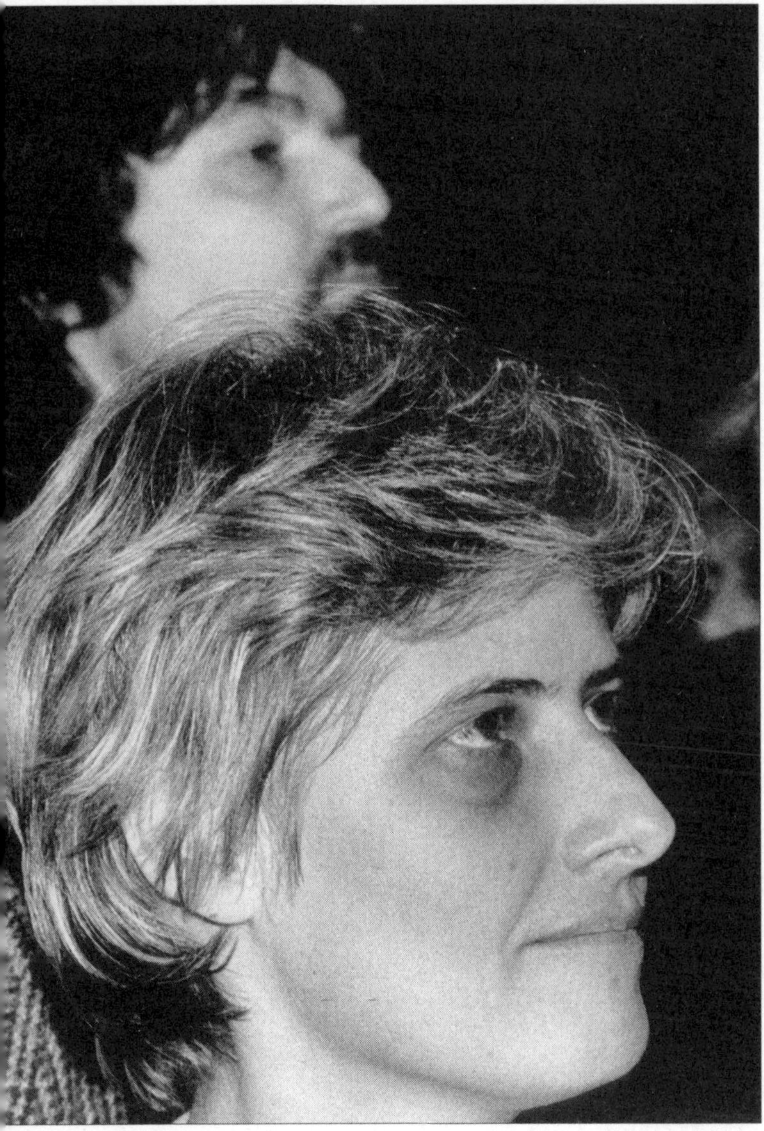

ZUR ANALYSE

Der Auslöser für dieses Buch war für mich nicht der Tod, es waren die Reaktionen auf den Tod. Da wird eine weltberühmte Pazifistin im Schlaf und ohne ihr Wissen erschossen, doch es empört sich niemand. Nur ganz wenige sprechen von Mord, das abwiegelnde Schlagwort vom »Doppelselbstmord« macht die Runde. Doch die Tat passiert nicht etwa in Teheran oder Neu-Delhi, wo untreue Frauen gesteinigt und Witwen lebendig begraben werden. Nein, sie passiert in Bonn, mitten in einem Land und zu einer Zeit, wo die Gleichberechtigung von Männern und Frauen sogar in der Verfassung festgeschrieben ist. Und welches Recht könnte schwerer wiegen als das Recht auf Leben?

Der in der ganzen Welt bekannten Trägerin des »Alternativen Friedensnobelpreis« ist durch einen Mann das Leben genommen worden, ohne daß dies als Unrecht empfunden wird. Wie ist das möglich? Weil die beiden eine Liebesbeziehung verband – was einem Mann in einer Männergesellschaft noch immer das Recht über Leben und Tod »seiner« Frau zu geben scheint.

Hätte ein fremder Mann Petra Kelly auf der Straße erschossen, die Tat wäre als Verbrechen, als Wahnsinnstat, ja als Politikum begriffen worden. Der Mörder wäre – auch wenn er sich wie Bastian selbst hingerichtet hätte – einhellig verurteilt worden. Aber dieser Mörder war kein Fremder, es war der Mensch, der Kelly am nächsten stand. Und genau dieser Umstand gab ihm das Recht, zu töten. Denn Frauen sind vogelfrei, auch noch im 20. Jahrhundert. Und mitten in Europa.

Ich übertreibe? Kaum. Ein täglicher Blick auf die Zeitungsseite »Vermischtes« genügt: Da wimmelt es nur so von Berichten, in denen Männer im Suff oder aus gekränkter »Männerehre« (Hauptmotiv!) ihre Töchter oder Frauen totschlagen und dafür fast immer verständnisvolle Richter finden – und das im Namen eines fortschrittlichen Verständnisses für den Täter und seine psychosozialen Hintergründe. Allerdings: ganz auf Kosten der weiblichen Opfer. Allein in Deutschland sind es jährlich Hunderte von Frauen, die so ihr Leben lassen – und das wird nicht als Skandal, sondern als Kavaliersdelikt empfunden.

Nur zwei beliebige Beispiele von vielen möglichen. An dem Tag, an dem Petra Kelly ermordet wurde, verurteilte das Koblenzer Landgericht den Türken Ali C. zu verhältnismäßig milden zwölf Jahren (von denen bei »guter Führung« bis zur Hälfte erlassen werden). Ali C. erwürgte seine 18jährige Tochter, weil die nicht länger zu Hause wohnen wollte. Der Staatsanwalt plädierte nicht etwa auf »Mord«, sondern nur auf »Totschlag«. Begründung: »Der Vater hat die erhebliche Ehrverletzung als glaubwürdig dargestellt.« Die Richter stimmten zu: »Subjektiv sind dem Täter keine niedrigen Beweggründe vorzuwerfen.«

Es ist also subjektiv nicht niedrig, seine Tochter unter dem Vorwand einer Familienaussprache zu einem Parkplatz zu locken und zu erwürgen. Und es nicht etwa eine Ehrverletzung für eine volljährige junge Frau, wenn sie ihr eigenes Leben nicht leben darf (Haben Frauen überhaupt eine Ehre?). Es ist im Gegenteil eine Ehrverletzung für den Vater, wenn die Tochter gehen will. Schließlich ist sie sein Besitz. »Andere Völker, andere Sitten« befinden deutsche Gerichte in solchen Fällen. Sie wissen sich bei dieser multikulturellen »Toleranz«

für frauenmordende Männer in bester Gesellschaft, in Männergesellschaft. Denn Männerehre ist international.

Während ich diesen Text schreibe, wird in Köln der 44jährige Horst Witt zu drei Jahren Gefängnis verurteilt (unter Anrechnung der Untersuchungshaft ist er in ein paar Monaten wieder frei). Der Gattinnenmörder zerstückelte die Leiche seiner Frau und transportierte sie per Straßenbahn in verschiedene Vorstadtwälder. Die zierliche Frau war von ihrem Zwei-Zentner-Mann erwürgt worden, doch für das Gericht ist es weder »Mord« noch »Totschlag«, sondern lediglich »Körperverletzung mit Todesfolge«. Denn Witt habe im »Affekt gehandelt«, da seine Frau ihn drangsaliert, ja sogar »mit dem Bügeleisen bedroht« habe. Der »fleißige Mann« sei von seiner »exzentrischen Frau dauernd gereizt und provoziert« worden und habe mit der Tat »seiner erlittenen Demütigung Ausdruck geben wollen«. Denn er habe sich bis dahin »alles gefallen lassen, wie ein Pantoffelheld«. Die Einschätzung des psychologischen Gutachters: »Der Täter hat ein unglaublich niedriges Aggressionspotential.« Für seine Frau hat es gereicht ...

Selbst die besonders brutale Zerstückelung der Leiche, normalerweise strafverschärfend, zählt in diesem Fall nicht, denn der Täter war mit dem Opfer verheiratet und hatte deshalb nach dem Tode seiner Frau juristisch quasi das Verfügungsrecht über ihren Körper. – Solche Urteile fällen deutsche Gerichte täglich.

Lebensgefährlich kann es für eine Frau auch sein, wenn sie sich trennen will, er aber nicht. Der »Totschlag im Affekt«, vor oder nach der Trennung, ist ein Klassiker. Lebensgefährlich aber scheint es ebenso zu sein, wenn sie sich nicht trennen will, siehe Kelly.

Das Zentralmotiv dieses Buches ist darum die Klarstellung: Hier ist mal wieder eine Frau das Opfer und ein Mann der Täter – aus welchen Motiven auch immer. Aber welche Frau ist hier Opfer und welcher Mann ist Täter? Ist es ein Zufall, daß es gerade diese Art von Frau und diese Art von Mann ist?
In all den Monaten, in denen ich mich mit dem Fall Kelly/Bastian beschäftigte – in denen ich mit Menschen ihrer Umgebung sprach, Artikel über sie und Texte und Briefe von ihnen las –, in all diesen Monaten stieg von Tag zu Tag mein Verständnis für die Verzweiflung Bastians und mein Befremden über das Verhalten Kellys. Ja, Kelly hat genervt. Aber – seit wann steht auf Nerven Todesstrafe? Und wie nett und bedauernswert war dieser General – der schon so oft getötet hatte und noch immer »gerne Soldat war« – eigentlich wirklich?
Die Geschichte dieser »tödlichen Liebe« ist besonders und exemplarisch zugleich. Sie zeigt, daß Petra Kelly und Gert Bastian nicht nur an ihrer Frauenrolle und Männerrolle, sondern vor allem auch an der Halbherzigkeit ihres Ausbruchs aus dieser Rolle gescheitert sind, an der Halbherzigkeit ihrer Emanzipation. Da hat eine Frau es nicht ausgehalten, stark zu sein und einen Mann zu dominieren, ohne sich permanent dafür zu entschuldigen und klein zu machen. Und da hat ein Mann es nicht ausgehalten, schwach zu sein und sich einer Frau unterzuordnen, ohne Aggressionen deswegen zu bekommen – bis hin zum tödlichen Haß.
Einem anderen Menschen das Leben nehmen, das ist der höchste Akt der Aggression. Kann das aus Mitleid oder gar Liebe geschehen? Oder geschieht es nicht immer aus Verachtung und Haß? Ich behaupte, daß man überhaupt erst in der Lage ist zu töten, nachdem man sein Gegenüber degradiert,

zum »anderen«, zum »Fremden« gemacht hat. Der Mensch schlägt, foltert und tötet nicht seinesgleichen, sondern nur den anderen, den Minderen. Auch Bastian hat als Soldat immer nur »den anderen«, »den Feind«, »den Untermenschen« getötet, nie die eigenen Kameraden.

Und später? Da hat er dasselbe getan. Er hat als Mann eine Frau getötet; also einen Menschen, der ihm trotz der symbiotischen Verschlingung zutiefst fremd war. Eine Frau, für die er Feuer gefangen hatte wegen ihrer Stärke – und deren Schwäche und Auslieferung er in Wahrheit verachten mußte.

In der Menschenheitsgeschichte wie in unserem Leben ist die Frau das »andere Geschlecht« die erste »andere«. An ihr übt das starke Geschlecht sein erstes Sich-Erheben über den anderen. Auf dieser Grundstruktur der Verachtung und des Hasses zwischen den Geschlechtern bauen alle anderen Machtverhältnisse zwischen Menschen auf. In den Armen ihrer Mütter und Geliebten üben Männer, Frauen zu verachten, und im Dunstkreis ihrer Männerbünde bestätigen sich die Herrenmenschen ihre Überlegenheit. Der Sexismus ist also die Urform jeden Rassismus. Ohne die wirkliche Bekämpfung des Sexismus wird dem Rassismus nie beizukommen sein.

Auch die Fremdheit zwischen diesem einen Mann und dieser einen Frau war groß. Auch diese Frau griff zum Psychoterror (der Waffe der Schwächeren, der Sklaven) – und der Mann schlug zu, final. Ja, Gert Bastian hat Petra Kelly aus Rache und Haß getötet. Er hatte viele gute Gründe zum Haß, den er zwölf Jahre lang unterdrückte. Aus seiner Sicht muß es so ausgesehen haben, als hätte sie sein Leben ruiniert (auch wenn er jederzeit hätte gehen können). Auch die Tatsache, daß sie von Anfang an an sein Mitleid und seine Gnade appellierte – ihn immer wieder beschwor: »Ich kann ohne dich nicht mehr leben« – muß ihn aggressiv gemacht haben. Eine Aggression, die er vermutlich noch nicht einmal sich selber eingestand – und die sich dann um so furchtbarer Bahn brach.

Ich kann ohne dich nicht mehr leben. Dieser Satz ist als Unterwerfungsgeste gedacht; doch wenn es dem Adressaten paßt, wird er zur Aufforderung zum Töten. In der Tat bedeuten diese Worte nicht anderes als: Ich bin nichts ohne dich, ich begebe mich ganz in deine Hand. Im Patriarchat gilt genau das als Gipfel »weiblicher« Liebe: die totale Selbstaufgabe und völlige Auslieferung. Denn die Beziehungen zwischen Frauen und Männern basieren nicht auf Gleichheit, sondern auf Arbeitsteilung und Ungleichheit.

Petra Kelly hatte es sich erlaubt, »männlich« und »weiblich« zugleich zu sein. Aber diese beiden Seiten kommunizierten in ihr nicht miteinander, ergaben kein Ganzes. Sie strebten eher auseinander und zerrissen sie. Kelly scheiterte auch an dem für sie unauflösbaren Widerspruch zwischen ihrer »männlichen« Existenz in der Welt und ihrer »weiblichen« Existenz im Privaten. Sie scheint, wie viele Frauen, die Tendenz gehabt zu haben, sich für ihre öffentliche Stärke durch private Unterwerfung zu entschuldigen (gekoppelt mit privater Tyrannei).

Wer nur einen Moment innehält und sich vorstellt, in dieser zwölf Jahre währenden Beziehung wäre der Part von Bastian von einer Frau besetzt worden und der von Kelly von einem Mann – wer das bedenkt, begreift rasch, daß hier zwei Menschen auch in ihrer Geschlechterrolle gescheitert sind. Umgekehrt wäre es vermutlich nie zu diesem Drama gekommen. Eine das Geben gewohnte Frau Bastian wäre nicht depressiv geworden, sondern geschmeichelt und geehrt gewesen, einem so wichtigen Mann wie Kelly dienen zu dürfen. Ein das Nehmen gewohnter Herr Kelly hätte sich nicht durch demonstratives Leiden bis hin zur Hysterie für seine Stärke entschuldigen müssen und die Dienste einer Frau Bastian ohne zu zögern ganz selbstverständlich in Anspruch nehmen können.

Ein männliches Ich und ein weibliches relatives Wesen – so sind wir es gewohnt, so ist die Welt in Ordnung. Nur – hier war es umgekeht.

»Liebe« ist zwischen den Geschlechtern ein traditionell konträres Programm, je nachdem ob eine Frau liebt oder ein Mann. Im Namen der Liebe arbeiten Frauen umsonst und unterbezahlt (und erhalten, laut UNO, für zwei Drittel der Arbeit nur ein Zehntel des Lohns und ein Prozent des Besitzes auf der Welt). Im Namen der Liebe lassen Frauen sich demütigen und schlagen. Im Namen der Liebe sind sie sogar bereit zu sterben – oder doch nicht?

Petra Kelly ist ermordet worden, sie wollte nicht sterben. Aber – sie hat so getan, als wäre sie aus Liebe dazu bereit. Ich kann ohne dich nicht mehr leben. Diese sieben Worte hat sie teuer bezahlt.

Kelly und Bastian haben sich in all den Jahren selbst und gegenseitig getäuscht und wenig von sich und voneinander begriffen. Trotz oder gerade wegen ihrer Symbiose war die Fremdheit zwischen ihnen groß: sie konnten ihr gegenüber nicht mehr als eigenständiges Individuum wahrnehmen. Sie wollte von seinen Widersprüchen, seinem Konflikt und seiner Verzweiflung nichts wissen. Und er hat sie nie wirklich ernst genommen: Sie war für ihn immer nur das »Petralein« (und wollte das ja auch sein). Seine Bewunderung war letzendlich nur die Kehrseite seiner Verachtung. Er nahm sie hin wie eine Schicksalsfügung – aber nicht wie einen Menschen, mit dem man sich auseinandersetzt, liebevoll oder auch kritisch. Die Fremdheit gipfelt in einem makabren Höhepunkt: Die frenetische Pazifistin duldete, daß der Mann an ihrer Seite schwer bewaffnet war und sein Leben lang ein »Waffennarr« blieb.

Die einfache Antwort auf die schwere Frage, warum niemand in die tödliche Eskalation der Haßliebe zwischen den beiden eingegriffen hat, lautet: Weil es so ist.

Weil wir den Alltagskrieg zwischen den Geschlechtern gewohnt sind. Weil wir gegen Fremdenhaß protestieren, aber Frauenhaß kaum als solchen wahrnehmen und noch immer als »Privatsache« begreifen. Kein Wunder, liegen doch hinter uns 5.000 Jahre Patriarchat (und wie viele vor uns?). In all dieser Zeit war das Verhältnis zwischen den Geschlechtern immer ein Machtverhältnis und Sexualität historisch leider nichts als ein Instrument zur Demütigung und Stigmatisierung von Frauen.

Die »Liebe« zwischen Frauen und Männern ist ja eine ziemlich neue Erfindung, die »gleichberechtigte Liebe« eine noch neuere. Die archaischen Gewaltverhältnisse zwischen Männern und Frauen galten letztendlich eben auch für das scheinbar so fortschrittliche, scheinbar so emanzipierte Liebespaar Kelly und Bastian.

Bis zu einer wirklichen Gleichheit scheint der Weg noch weit. Ein erster Schritt in die Richtung wäre die Entwaffnung der Männer und Wehrhaftigkeit der Frauen.

EIN GESTÄNDNIS

Das Schreiben dieses Buches ist mir schwer gefallen. Denn über meine politische Motivation hinaus habe ich eine ganz persönliche: Ich kenne mich aus in Paarkonstellationen wie Kelly/Bastian. Ich bin bei einem solchen Paar, bei meinen (Groß)Eltern aufgewachsen. Er war lieb, sanft und fürsorglich. Sie war interessant, heftig und nervend. Zweifellos war sie der Mittelpunkt unseres kleinen Trios – aber ohne ihn hätten wir beide dumm dagesessen: sie, seine von ihm versorgte Frau, und ich, sein von ihm bemuttertes Enkelkind.

Auch sie war gesellschaftskritisch, mitleidensfähig und offensiv intelligent. In drei Punkten allerdings unterschied sie sich gründlich von Petra Kelly: Sie war nicht nach außen stark und nach innen schwach, sondern umgekehrt – nach innen stark und nach außen schwach. Sie stellte sich, trotz aller Verletzlichkeit, nie als Opfer dar und war als Frau in ihrem Auftritt extrem unangepaßt. Und sie war unsentimental und selbstironisch bis zum Sarkasmus. Das alles hat sie wohl vor allzuviel Illusionen und vor dem Selbstbetrug bewahrt. Vor allem: die Wahl ihres Mannes war weniger tödlich.

Er hat sie ertragen, wenn auch um einen hohen Preis. Fast nie habe ich ihn ihr gegenüber heftig werden sehen. Dabei hätte es Grund genug gegeben. Sie machte Szenen, quälte ihn, machte ihm das Leben zur Hölle. Nicht immer. Manchmal war sie auch die kindliche, komische, charaktervolle Person, die wir schätzten. Übrigens: Wenn sie und ich allein waren, gab es keine Probleme. Wir waren wie übermütige Schwestern (und ich dabei die ältere). Aber wenn er dazu kam ...

Er war für sie ganz einfach der einzig greifbare Schuldige an ihrem erstickend engen Frauenleben. Und er war derjenige, mit dem sie es machen konnte. Wenn er, trotz früherer Tuberkulose, vor lauter Streß das Rauchen nicht lassen konnte und letztendlich an Lungenkrebs starb, dann darf sie sich das durchaus mit auf ihr Konto schreiben.
Sein einziger Schutz war der Entzug, die Flucht nach innen. Dabei hätte ein jeder, eine jede verstanden, wenn er mal heftig geworden wäre. Ich zu allererst. Wie oft habe ich ihn beschworen: Papa, laß dir das nicht bieten, wehre dich doch endlich! Vielleicht hätte sie es sogar zu schätzen gewußt; sie hatte Respekt vor Menschen, die sich nichts gefallen ließen. Mich liebte sie gerade für meine Stärke. Aber: Sie hatte ja auch nicht zufällig einen »unmännlichen« Mann gewählt.
Er wehrte sich nicht. Er litt. Und arbeitete. Und schwieg. Und starb. Sie starb ganz überraschend kurz nach ihm, eigentlich ohne richtigen Grund. Die Wahrheit war: Sie konnte ohne ihn nicht mehr leben, sie war zu einsam und zu abhängig geworden. Aber – sie war auch nicht 45, sondern 73. Sie war nicht berühmt, sondern eine unbekannte Hausfrau. Und sie war nicht hochqualifiziert, sondern Schneiderin (»Das verzeihe ich meinem Vater nie, daß er nur meine Brüder hat studieren lassen«).
Erst nach dem Tod der beiden habe ich begriffen, daß er sie trotzalledem bis zuletzt geliebt haben muß: Seine zärtlichen letzten Briefe galten nicht mir, der geliebten Enkelin, sondern seiner kindlich tyrannischen Ehefrau, die ganz auf seine Versorgung angewiesen war und von seinem Verständnis für alles ausging. Sie hatte ihn noch nicht einmal im Krankenhaus besucht, weil sie, wie jeder wußte, »den Geruch dort nicht vertragen« konnte.

Wäre er irgendwann in diesen 50 Ehejahren ausgebrochen, wäre er heftig geworden, hätte er zurückgeschlagen (undenkbar, daß er jemals die Hand gehoben hätte!), hätte er sie gar umgebracht – alle hätten den Armen verstanden. Ich inbegriffen, fürchte ich.
Nach ihrem Tod habe selbst ich Jahrzehnte gebraucht, bis ich durch ihre Destruktion hindurch das Positive wieder wahrnehmen konnte – das, was auch mich fundamental geprägt hat. Ihre so selbstverständliche Zivilcourage: Nie im Leben hat sie »Heil Hitler« gesagt, sondern statt dessen 13 Jahre lang »Hustenanfälle« beim Betreten jeden Ladens gekriegt. Am Tag nach der »Kristallnacht« ging diese 1,48 Zentimeter kleine und ängstliche Person in jüdischen Geschäften einkaufen und ließ sich vom Spalier der SA-Männer ohrfeigen – nicht aus Heldentum, sie hätte gar nicht anders gekonnt. Die Spätaufsteherin rannte morgens um sechs zur Brücke, um den Zwangsarbeitern Brötchen zuzuwerfen.
Und dann ihre so umfassende Mitleidensfähigkeit: Schon in den frühen 50er Jahren empörte sie sich über den Rassismus gegen die »Spaghettifresser«. Ihr Respekt vor der Kreatur war so unteilbar und unkorrumpierbar, daß sie auch noch die Ratten fütterte. Und dazu ihr scharfer politischer Verstand: Sie vor allem war es, die mich über die Verbrechen der Nazis und das Erbärmliche des Mitläufertums aufklärte. Für sie waren Umweltzerstörung durch Pflanzengifte schon vor 40 Jahren alarmierend. Und in ihrer unsentimentalen Scharfsinnigkeit durchschaute sie intuitiv sogar diese (halb)herzigen, (halb)liberalen oder (halb)linken Helden, wie die Anfang der 60er sehr kalten Krieger Kennedy oder Brandt, auf die auch die Fortschrittlichen reinfielen. Bei allem war sie ein zutiefst selbstironischer, wirklich bescheidener und aufgeklärt ungläubiger Mensch.

Und er? Seine Qualitäten waren so offensichtlich, daß man nicht darüber reden mußte. Alle mochten ihn gern. Und ich liebte ihn! Für seine Sanftmut, seine Lustigkeit und seine Fürsorge. Er war, rein äußerlich, übrigens ein Typ wie Bastian, nur nicht so forsch. Auch er hätte locker den Frauenhelden spielen können, aber er war keiner. Er war überhaupt kein Held. Noch nicht einmal im Krieg war er einer gewesen, sondern eher eine Art Hauptmann Köpenick, der sich dumm stellte nach der ersten Verwundung und in die Etappe retirierte (im 1. Weltkrieg) oder gleich desertierte (im 2. Weltkrieg).
Abends im Bett hat er mir manchmal blutige Schwänke erzählt aus diesem komischen Krieg. Nichts fanden wir zwei lächerlicher als aufgeblasene Autoritäten, als Befehlen oder Gehorchen oder gar auf dem Felde der Ehre sein Leben riskieren. Auch im Leben hat er es logischerweise zu nichts gebracht, was zählt. Kein Sieger wie Bastian, eher ein Verlierer.
Kein echter Mann. Keiner, der funktionierte. Keiner, der gewalttätig wird, wenn er gereizt oder in die Enge getrieben ist. Keiner, der töten kann. Auch darum hat sie ihn überlebt. Was für beide spricht.
Ich widme das Buch darum den Frauen und Männern, die sich jetzt und in Zukunft auf das Risiko »Liebe« einlassen. Männer und Frauen, die nicht länger Täter und Opfer sein wollen. Den Tätern zur Warnung und den Opfern zur Ermutigung. Warnung vor Kitsch oder Selbstbetrug und Ermutigung zur Authentizität und Selbstkritik. Warnung vor Gläubigkeit oder Heldentum und Ermutigung zu Bewußtsein und Würde. Warnung vor dem Spiel mit Ohnmacht oder Allmacht und Ermutigung zu Eigenständigkeit und Freiheit.
Denn alles andere ist auf die Dauer tödlich. Auch ohne Pistole.

FOTONACHWEIS

S. 26 JOKER/Lutz Schmidt
S. 42 JOKER/Lutz Schmidt
S. 58 Klaus Drinkwitz, stern 1979
S. 68 privat
S. 69 oben: privat
S. 69 unten: Alexander Czechatz, Neue Revue vom 5. 4. 1980
S. 80 B. Küstner/GIG Presse
S. 88 privat
S. 89 oben: privat
S. 89 unten: stern 1982
S. 90 Karin Rocholl, stern
S. 102 Jean Guyaux
S. 104 oben: Raimondo Borea
S. 104 unten: Irish Press
S. 105 Werner Schüring
S. 106 oben: Ellen Bailly
S. 106 unten: privat
S. 107 oben: Angela Neuke
S. 107 unten: Jean Guyaux
S. 120 Richard Schulze-Vorberg
S. 130 stern 1982
S. 132 privat
S. 133 oben: Ihrt, stern 1982
S. 133 unten: Reinhard Janke, argus
S. 134 oben: Werner Schüring
S. 134 unten: dpa
S. 135 oben: dpa
S. 135 unten: privat
S. 136 Ellen Bailly
S. 164 Reinhard Janke, argus
S. 166 Norbert Nordmann

Kate Millett
Der Klapsmühlentrip

Titel der Originalausgabe: *The Loony Bin Trip*
Aus dem Amerikanischen von Erica Fischer
Broschur

Kate Millett, eine der bekanntesten Vertreterinnen der Frauenbewegung, schildert in ergreifender Weise ihre jahrelange Odyssee durch die Psychiatrie.

Die amerikanische Presse urteilt: Seit Ken Keseys *Einer flog über das Kuckucksnest* hat es in der Literatur keinen solchen Aufschrei gegen psychiatrische Einrichtungen und Praktiken gegeben.

Kiepenheuer & Witsch

Heide Soltau
Pfeifen aufs Duett
Von Singles, Alleinlebenden & anderen Solisten

KiWi 309

Originalausgabe

Wer sind sie, die vielzitierten, heftig diskutierten »Singles«? 12 Millionen gibt es davon in Deutschland. Ihre einzige statistische Gemeinsamkeit: Sie führen einen Einpersonenhaushalt. Ansonsten werden die in diesem Buch intonierten Pfiffe aufs Duett zu einer überraschenden Vielfalt von Melodien. Kein Ratgeber, aber ein Buch zum Anregen und Ausprobieren und Nachdenken.

KiWi Paperbackreihe bei Kiepenheuer & Witsch

KATJA MCHARDY

NICHT OHNE MEINE MUTTER

Das Nesthockerproblem

KiWi 315
Originalausgabe

Was tun, wenn die volljährigen Kinder das elterliche Zuhause beschlagnahmen, und Mutter und Vater um den eigenen Freiraum fürchten müssen?
Dieses Buch untersucht, welche Gründe zum Verhalten der »Nesthocker« führen können und ist sowohl für die Eltern als auch für den Nachwuchs eine spannende, amüsante und lehrreiche Lektüre.

KiWi Paperbackreihe bei Kiepenheuer & Witsch

BIRGER SELLIN

ICH WILL KEIN INMICH MEHR SEIN

botschaften aus einem autistischen kerker

Englische Broschur

Ein Zwanzigjähriger, schwer autistisch behindert und seit seinem zweiten Lebensjahr verstummt, schreibt Texte von bizarrer Schönheit. Sie lassen uns in die »welt der kastenmenschen« blicken und zeugen von den unsäglichen Qualen, denen der Autor in seinem autistischen Kerker ausgesetzt ist.

KIEPENHEUER & WITSCH

Emine Sevgi Özdamar
Das Leben ist eine Karawanserei hat zwei Türen aus einer kam ich rein aus der anderen ging ich raus

Roman

Leinen

Emine Sevgi Özdamars Buch ist ein Roman über die Kindheit und Jugend eines Mädchens in der Türkei, das Porträt eines Landes und seiner Städte.
Das Faszinierendste dieses Romans aber liegt in seiner Sprache, einem magischen Deutsch, unter dem und in dem das Türkische arbeitet – ferne Bilder, fremde Rhythmen.